KB126628

이토록
예술이 필요한 순간...

# 이토록 예술이 필요한 순간

| 초판 1쇄 발행 | 2024년 8월 16일 |
|---|---|
| 지은이 | 김혜정 |
| 펴낸이 | 박상욱 |
| 펴낸곳 | 도서출판 피서산장 |
| 등록번호 | 제2022-000002호 |
| 주소 | 대구광역시 중구 이천로 222-51 |
| 전화 | 070-7464-0798 |
| 팩스 | 053-321-9979 |

| 편집기획 | 이향숙 |
|---|---|
| 본문디자인 | 이신희 |
| 표지디자인 | 앰애드컴 송현선 |

| 메일 | badakin@daum.net |
|---|---|

| ISBN | 979-11-92809-10-6  03680 |
|---|---|

예술을 권하다

이토록 예술이 필요한 순간

김혜정 지음

*prologue*
# 끝까지 예술가로 남고 싶다

"그럼 선생님은 본인이 정의하는 자신의 직업이 뭔가요?"

연말 술자리였다. 술자리라곤 일 년에 두세 번이 고작이지만 그 두세 번 중 두 번 정도의 비율을 차지하는 모임, 내가 '사람선물'이라 명한 모임이다. 강범규 대표님과 이보배 대표님, 나까지. 그 모임에 강 대표님의 동료 교수님, 미국에서 온 제자까지 합류했다. 최근에 발간된 송길영의 『시대예보: 핵개인의 시대』에 대한 이야기를 나누다 저자가 미래에는 자신이 직업을 정의해야 한다는 말에서 나온 질문이다. 내가 정의하는 나의 직업, 즉 나의 대답은 "예술인문학자이며 예술가입니다"였다.

나는 플루티스트이면서 레스너이기도 하고 부산예술중학교와 브니엘예술고등학교와 부산여자대학교 등을 거쳐 현재는 부산예술고등학교에서 강의를 하고 있다. 별개로 글 쓰는 것을 좋아하고 즐기며 그것을 가르친다. 일인 기획사 대표로서, 다양한 크기의 연주·행사·강연 등을 기획해 운영하기도 한다. 그리고 아이 셋을 키우고 있는 워킹맘이다. 주어진 역할과 내가 꼭 붙잡고 싶은 역할 그 어딘가를 넘나들며 하기로 한 일이면 다 잘하려고 노력하는 중이다. 이 많은 일 중에서도 꼭 놓치고 싶지 않은 정체성. 그건 바로 음악, 예술과 맞닿아 있다.

내가 왜 예술을 그토록 놓고 싶지 않은지 고민한 결과, '더 아름다운 인간이고 싶어서'라는 결론에 도달했다. 나는 매일 조금씩이라도 더 적극적으로 아름다움을 소망하기로 했다. 어쩌면 모든 사람들이 마음 한켠에 담은 소망이기에 더욱 그러했다. 처절한 현실 속에서도 아름다운 작품을 완성했던 예술가들을 보며 그들을 닮아가기로 다짐했다. 자신의 희로애락을 작품으로 승화시킨 예술인들을 보며 위로와 용기를 얻었다. 위대한 음악을 만든 예술가들의 아픈 어린 시절을 들여다보며, 아픔을 보듬는 엄마의 마음으로 내 아이들에게 더 진심 어린 포용을 전하고 싶었다.

나 또한 누군가에게 위로가 되길 바라며 작곡도 하고 연주도 해왔다. 그러는 동안 내가 누군가에게 위로가 될 마음으로 했던 많은 행동들이 누구보다 내게 가장 큰 위로가 되었다는 사실을 깨달았다. 단언컨대 수많은 예술가들 역시 그러했으리라. 즉 아름다운 인간이 되고자 하는 바람은 사실상 자신에게 더 큰 위로가 되며, 스스로 능동적으로 행복해지겠다는 다짐과도 같다. 앞으로도 나는 세상 사람들을 위로하고자 쉼 없이 연주와 작곡을 하며, 글도 쓸 것이다.

이 책은 적극적인 아름다움 추구에 대한 기록이며 내가 여러분께 건네는 위로이다. 어디서 영감을 받았는지를 기록한 영감의 노트인 동시에 영감을 얻은 수많은 예술가에 대한 헌사이기도 하다. '렉처 콘서트'를 기획하고 강연과 연주했던 기록이 빼곡히 담겨 있으니 다양한 기획을 고민하는 이에게는 생각의 단초가 될 수도 있겠다. 예술을 사랑하는 이들, 혹은 알고 싶지만 어렵다고 생각하는, 또는 예술에 관심 있는 누구에게라도 나의 경험과 사유를 나누고 싶은 바람이다.

책은 크게 두 부분으로 나누었다. 대부분이 강연과 연주가 있는 예술인문콘서트를 해왔던 나의 사유와 콘서트의 주제가 되었던 콘텐츠들인데 그중에서 작은 인사이트를 나누어 내가 영감을 얻었던 다양한 순간과 인물에 대한 기록과 음악가들의 삶을 통해 자기 내면을 들여다보기를 권하는 부분이다.

<위로>는 처음 렉처콘서트를 시도하게 되었던 계기에 대해 이야기했다. 예술가라고 특별한 일상을 가지지 않는다. 똑같이 먹고 마시고 자고 일하는 그 일상적인 삶속에 녹아있는 좌절과 고민들을 거치며 스스로를 위로하는 방법을 찾아갔던 과거 나의 고민들이 담겨 있다. 누구라

도 위로받기를 원하는 사람이라면 공감할 수 있는 또 누군가에게 건네 줄 방법을 고민했다.

그리고 이어지는 <라라랜드>. 영화에서 들었던 아름다운 음악과 미아와 세바스찬을 통해 꿈과 현실의 괴리감에 대한 고민을 해본다. 누구나 꿈을 꾸지만 현실과의 거리감에 속상하기도, 사랑하는 이와 꿈이 같거나 다를 때 생각해 볼 수 있는 내용들이었다. 그리고 꿈을 이루기 위한 요소가 무엇인지에 대한 고민도 함께.

<Autumn Singer>에서는 예술가들의 편지 속에 담긴 이야기들. 사랑과 우정, 그리고 여행의 향취까지 담긴 여러 편지를 통해 그들의 감성을 글에서 음악으로 치환하여 들려준다.

<남자의 향기>에서는 남자라는 고정관념에 묶여 사회적으로 남성성을 강요당하다 이제는 여성과 동등하기를 넘어 어느 면에서는 무시당하기 일쑤인 남성들의 애환을 탱고 음악과 오페라 캐릭터 '피가로' 그리고 뇌 과학의 영역을 살짝 빌려 묶었다.

<예술의 쓸모>는 팬데믹 시기를 거치며 예술가, 연주자인 내가 겪었던 실질적이며 원론적인 고민을 담았다. 고민의 답은 역시 역사와 예술에 있었다. 내가 예술가라서 고민했지만 오히려 예술가였기 때문에 더

지혜롭게 이 시기를 거쳤다고 생각한다. 그 감사와 앞으로의 결심을 함께 담고자 했다.

<싱투게더 위드 참스>는 참스의 첫 번째 앨범명이다. 참스와 함께 노래하자는 말 그대로 참스는 정신장애인들의 시를 노래했다. 그들의 아픔이 글로 승화되는 그 마법을 음악으로 한 번 더 기록하고자 했다. 처음이라는 것이 가지는 설렘과 함께 서툰 모습이 담겼을지도 모르지만, 그들과 한마음이 되어 노래하고자 했던 진심은 그때나 지금이나 변함없다. 두 번째 앨범 <상처를 노래하니 위로가 되었다> 첫 번째 앨범에서 이어지는 창작곡으로 채운 두 번째 앨범이야기. 그들의 노래를 담아 한 번 더 세상으로 외치는 작업이었다. 두 번째였기에 더욱더 잘하고 싶었고 참스의 색깔을 더 담고 싶기도 했다. 여기서 참스는 참스의 작곡 작사인 곡도 발표했다. 제목은 '위로'였다.

<프리젠트>는 참스의 세 번째 앨범명이다. 앨범이 만들어지게 된 영감의 이유와 그 과정, 그리고 곡에 담긴 스토리를 담았다. 모든 음악과 미술 작품에는 다 저마다의 이야기가 있다. 그 이야기가 우리의 소중한 음악에 윤기를 더해주기를 바랐다. 악기 구성을 단순하게 했지만 스토리와 진심이 담긴 음악, Present, Book, Design, Coffee. 4곡을 플레이하시며 보시길 바란다.

크게 나누어 두 번째 부분인 <예술가들이 전하는 치유의 교훈>은 코로나와 개인적인 일로 힘들었던 시기에 다시 만났던 심리학을 예술가의 입장에서 풀어보고자 했다. 나는 심리학자가 아니지만 여러 책을 두루 살폈다. 또 박수진 심리학 박사님과 함께했던 시간이 큰 도움이 되었다. 심리학의 여러 사례를 보기도 하고 그들의 사례와 음악가들의 기록을 맞추어보며 내 나름의 메시지를 도출했다. 위대한 예술가들도 어쨌든 어린 시절을 지나온 보통의 사람이었다. 그들이 위대한 예술가로 남을 수 있었던 것은 무엇 때문이었을까? 어떤 예술가는 자신의 아픔을 넘어섰고 어떤 예술가는 그러지 못했다. 왜 그랬고 왜 그러지 못했을까. 그들의 삶을 들여다보며 내가 살아갈 용기를 얻었다. 이 용기를 나누고 싶다.

아마도 책을 출간했다는 사실만으로도 가슴이 벅차고, 들뜬 마음으로 사람들에게 자랑하게 될지도 모른다. 그리고 나의 역할이 이전보다 더 늘거나 줄어들었을 수도 있다. 몇 권의 책을 더 내거나 혹은 이 책이 마지막이거나. 먹고 살기 퍽 고달파졌거나 혹은 노력에 운이 더해져 형편이 꽤 좋아졌을지도 모른다. 한 가지 확실한 것은 내가 예술과 책만은 놓지 않을 거라는 사실이다. 예술과 독서 또는 글쓰기로 어떻게 아름다운 인간이 될 수 있는 도구인지, 그리고 얼마나 실용적인지를 보여준다.

누구에게나 주어진 인생이라는 캔버스를 어떻게 채워나갈지 각자의 선택에 달려있다. 구제넘은 조언을 하자면 예술이 함께 한다면 그 캔버스는 보다 풍요롭고 향기로울 터. 이 책에서 만나게 될 다양한 예술가의 이야기들로 그것을 확인할 수 있을 것이다.

내게 좌절과 실패에서 벗어나는 법을 알려주신 엄마 박필연 여사님, 츤데레 정석 아빠 김광택님. 낳아주셔서 감사합니다. 초짜 엄마 덕에 고생 많은 현목이와 은목이, 심심할 겨를 없이 분기별로 말썽 피우는 성목이, 엄마의 아들딸이라서 고마워. 음원으로 묶여 도망갈 수 없는 영원한 인연 참스 멤버들에게도 늘 감사하다. 외에도 너무 많은 분들이 생각난다. 여러분들이 있어 살아왔고 예술을 하며 또 이렇게 글도 쓴다.

2024년 여름. 김 혜 정

# CONTENTS

# 예술을 권하다

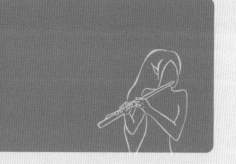

1부

예술을 권하다

# 오늘은 선물? 오늘은 예술!

### "위로"
### 우리는 누구나 때때로 위로가 필요하다

"그래요, 재미있겠어요. 같이 해봐요!"

강범규 대표가 환하게 웃으며 대답해 주셨다. 우리는 얼마 전 『BUSAN』이라는 책으로 처음 만났다. 『BUSAN』은 부산과 전혀 관련이 없는 강대표가 부산에서 교수직을 맡게 되면서 사랑하게 된 '부산'을 담은 사진집이다. 바르셀로나를 여행한 후 그 도시를 담은 멋진 사진집을 보았고, 부산에도 이런 사진집이 있었으면 좋겠다는 마음으로 시작된 책이었다. 『BUSAN』은 세계의 어느 도시와 견주어도 빠지지 않을만한 부산의 멋지고 근사한 모습만 쏙쏙 담았다. 『BUSAN』의 출판 기념회를 열면서 행사를 빛낼 연주단체로 내가 대표로 있는 참스(당시에는 참트리오)에 연락해온 것이다. 기념회는 책이 있고 디자인이 있고 테라스가 멋진 북카페 <프리젠트>에서 열렸다. 2016년, 11월의 가을밤이었다.

사진집에 큰 역할을 한 작가들과 다양한 초대 손님, 이 모든 것을 기획한 강범규 대표와 이보배 대표가 등장하면서 행사가 시작되었다. 그리고 이내 참스로 마이크가 넘어왔고, 그날 어울리는 다양한 곡을 선곡해 연주했는데, 이것이 우리의 첫 만남이었다. 다행히 연주는 좋은 반응을 이끌어냈고 두 분도 무척 흡족한 표정이었다. 연주가 너무 좋았다며 악수를 청하시고, 앞으로도 이렇게 음악을 들을 기회가 있으면 좋겠다고 말씀하셨다. 며칠 후 '그 말씀이 진심이라면!' 하는 마음으로 강대표를 찾아가 준비한 기획안을 내놓았다. 대답은 오케이였다. "같이 해봐요!"

위로가 필요한 사람은 누구보다 나였다

2017년은 세 아이의 엄마가 된 나에게 겨우 숨 쉴 틈이 생긴 해였다. 첫 아이를 낳은 것이 2011년. 특별한 계획은 없지만 특별히 건강한 덕분인지 내리 두 아이를 더 낳았고, 셋째가 막 어린이집에서 적응해가던 시기였다. 세 아이가 모두 어린이집과 유치원에 가 있는 동안 드디어 나에게도 혼자만의 시간이 생긴 것. 주말 없이 일하던 아이들 아빠는 평일에도 오후에 출근해서 밤늦게 들어와 아이들 육아에는 전혀 도움이 안 되는 생활 패턴이었기에 육아는 오롯이 나의 몫이었다.

육아라는 것이 체력만 좋아서 되는 것이 아니다. 육아는 아이들을 사랑하는 마음, 사실은 그 사랑보다 더 필요한 것이 인내였다. 올바른 육아의 완성은 인내의 정도에 달려있었다. 내 육아가 결코 완성될 수 없다는 걸 매일 깨달았다. 반복되는 반성에도 부족한 엄마라도 남들보다는 낫겠지 하며, 프리랜서로 강의와 레슨을 이어가면서도 쉴 틈 없이 육아의 굴레에서 6년쯤 돌고 있었던 그때, 지금 돌아보면 그냥 '돌아' 있었던 것 같다. 제정신이 아니었다는 말이다. 젊어서 버틸 수 있었던 건지, 특유의 하이 텐션 때문인 건지. 나를 보는 사람들은 늘 씩씩하다, 대단하다라고 말해주었지만, 정작 내가 너무 아프고 힘들다는 사실을 알게 해준 것은 다름 아닌 책이었다.

『당신을 위한 음악이 나를 위로하네』

클래식 음악가로 살다 보면 너무도 선명한 '컬러 천장'(유리천장에다 눈에 도드라지기까지 하는 천장이라는 의미로 내가 만들어낸 말)을 만나게 된다. 일찍이 음악을 전공할 생각을 했지만 악기를 전공하면서 만나게 된 시립교향악단 선생님은 요즘 같으면 구속감(훗날 경찰서도 드나들었다고 했지만 시원하게 구속은 안 되었다)이었다. 취미용 악기에서 전공자용 악기로 바꾼 지 얼마 되지 않던 때였다. 잘했다며 엉덩이며 가슴께를 툭툭 두드리는 것이 소름끼치도록 싫었지만, 엄마는 설마 선생님이 그러셨겠어? 라는 스승에 대한 근거 없는 믿음을 가지고 있었다. 그런 엄마에게 악기를 계속 시켜도 될까? 라는, 나에 대한 믿음을 깨주는 일이 생겼는데 그것은 전적으로 나의 잘못이었다.

전공자용 악기를 들고 공중전화를 사용한 후, 그 위에 버젓이 악기를 두고 집에 온 것이다. 집에 와서야 악기가 없다는 사실을 알아챈 나와 엄마는 부산 남포동을 샅샅이 뒤졌지만, 악기사에서는 남학생 둘이 악기를 들고 와서 팔 수 있냐고 물었다는 이야기만 건질 수 있었다. 엄마에게 엄청나게 혼이 났던 기억이 난다. 어린 나는 차라리 반쯤 죽도록 맞고 싶다는 생각이 들었다. 그런 생각이 들만큼 악기는 높은 가격이었다. 늘 근검절약며 살아온 엄마가 거금을 투자해준 악기를 한순간에 잃어버린 것에 대한 죄책감이랄까. 예고를 준비하던 나는 다시 악기를 사줄 테니 열심히 해볼래 하는 질문에 비겁하게 도망가기를 택하고 인문계로 진학했다.

인문계에서 3년을 숙면상태로 보내고 애매한 성적을 가진 나는 막연히 부산의 국립대학교 불문하과에 가야겠다고 생각했다. 수능이 다가오자 불문과에 가겠다는 나에게 엄마가 들이민 건 '다시 음악' 카드였다. 당시 신설된 컴퓨터음악과에 대한 기사를 접한 엄마는 가끔 피아노를 치며 스트레스를 푸는 내 모습을 보며, 당신이 평생 피아노 레슨으로 경제력을 얻은 현실적인 이유로 나에게 다시 음악이라는 비전을 제시했다. 수능은 이미 인문계열(당시는 음악과는 예체능 계열로 선택하여 수능을 칠 수 있었다)로 접수되었던 터라 시험을 친 후에 실기를 준비했고, 수요는 많았으나 공급이 없던 해당과는 32:1의 경쟁률이었음에도 당시 담당 교수님의 말에 따르면 음악과 치고는 상당히 높은 점수 때문에 비교적 수월하게 입학할 수 있었다고 했다.

음악가로서 미래에 잠시 들뜬 적도 있었지만, 지금이야 상상도 못할 얼차려나 무릎꿇어를 겪었다. 내 인생에 순탄함은 없는 것인가를 외치며 휴학과 자퇴를 감행했다. 반수는 생각 대로 되지 않았고 음대에 들어가서 다시 잡은 플루트가 그나마 나의 친구가 되어주었다. 그때까지 만해도 내가 가장 열심히 산 건 초등학교 시절이었는데, 다시 열심히 무언가에 매달릴 수 있는 대상이 플루트였던 것이다. 목표 없이 흐르는 부표처럼 살다가 누가 시켜서가 아닌 스스로 하고 싶다는 생각이 드는 순간, 다시 해볼까 하는 마음에 재입학을 하고 졸업을 했다. 그때부터는 초등학교 때의 열심을 넘어서기 시작했고 석사를 플루트로 졸업했다. 그리고 방학이면 유럽으로 날아가 독일과 러시아의 디플롬이 포함된 수업을 듣고 오는 몇 년의 시기를 거쳤다. 단지 졸업하는 것 말고 플루트를 잘하고 싶었고 잘하려고 노력했다.

그래봐야 예중·예고를 나오고 음대를 거쳐 유학 생활을 한 사람들이 넘치는 클래식 음악계에서 나는 근본도 없는 플루티스트였다. 부산여자대학교에서 시작한 강사는 반복되는 임신에 놓아버렸고, 예중·예고생을 열심히 지도하다가도 '유학 다녀오신 선생님'에게 배워보고 싶다는 일을 몇 번 겪고 나서 무척이나 위축된 상태였다. 그 와중에 육아의 쳇바퀴 속에 살던 내가 읽은 책이 『당신을 위한 음악이 나를 위로하네』였다. 저자는 같은 음악가인 내가 봤을 때 너무나 근사해 보였다. 독일 음대가 그녀를 입학시키기 위해서 학교 입학 최저나이를 낮추었을 만큼 재능이 넘치는 바이올리니스트였다. 그녀의 엄마 역시 음악가였으며 그녀를 최고의 음악가로 만들기 위해 물심양면으로 뒷바라지하는 것은 물론, 딸을 위해 독일행을 감수한다. 이력으로 몇 장을 써도 모자랄 영광의 시간들을 지나며 그녀는 극도의 우울증에 빠지게 된다. 음악에만 묻혀 있던 그녀가 어느 순간 목적과 동기를 잃어버린 것이다. 빛 한 줄기도 따갑게 느껴져 까만 커튼을 치고 살던 그녀를 다시 일으킨 것은 역설적이게도 음악이었다. 음악이 좋고 잘할 수 있었지만, 왜 계속해야 하는지 고민하던 중 쇼팽의 녹턴을 통해 다시 음악을 해야만 살 수 있다는 것을 깨달은 순간이었다.

내게는 너무 근사해 보였던 그 이력들은 그녀에게는 어쩌면 당연한 이력이었고, 내가 그녀를 부러워했듯 그녀도 또 다른 누군가를 동경했을 수도 있다. 삶이란 그런 것이다. 동경은 끝이 없다. 무엇인가를 가지게 되더라도 더 좋은 것은 항상 있기 마련이다. 내가 힘든 이유는 다른 음악가들이 다 가진 예중·예고·유명대학·유학타이틀이 없어서라고 생각했으나 그런 것을 가진다 하더라도 욕심은 끝이 없다는 것을 깨달았다. 음악가에게 열정과 애정이 있다면 그런 이력은 중요하지 않을 수도 있다는 깨달음을 얻었다. 사람들이 나를 평가하는 것이 고작 출신학교가 되지 말자는 생각을 했다. 석사 때부터 참트리오(연주단체 참스 이전, 피아노·첼로·플루트로 구성)를 결성해서 연주를 하며 고민했던 것이지만 더더욱 남다른 생각을 하는 음악가가 되기로 결심한 것이 바로 그때, 그 책으로부터였을까. 저자가 위로받았던 쇼팽의 녹턴. 단조로 계속 진행되다 마지막 밝은 톤의 Mi(미)가 전해주는 희망의 사운드를 많은 이들과 나누고 싶었다. 누구보다 위로가 필요했던 나에게 그 희망찬 소리 Mi의 힘은 단단한 위로가 되었다. 쇼팽은 평생 허약함 때문에 힘들고 지쳐있었지만 늘 온화한 가정환경 덕에 기품과 긍정의 힘을 놓지 않았다. 그가 허약한 육신에 힘들어하면서도 놓지 않았던 희망을 저자의 이야기로 다시금 확인했으며 그 희망을 공유하고 싶었다.

공주는 잠 못 이루고

유행처럼 전 세계를 들썩이게 했던 오디션 프로그램들. 텔레비전을 보지 않는 나에게 폴 포츠를 알게 해준 것은 SNS에 공유된 그의 짧은 스토리와 노래하는 모습이었다. 영국의 흔한 백인남성 외모에 핸드폰을 판매한다는 그는, 인생이 늘 실패의 연속이었다는 이야기를 늘어놓았다. 카메라가 심사위원들의 기대 없는 표정을 비추고 곧이어 웅장한 전주가 흐른다. 그와는 어울리지 않을 것 같은 오페라 반주. 그리고 잠시 후, 영혼을 담은 오페라 아리아 <투란도트>의 '공주는 잠 못 이루고'를 들은 관객들은 전율에 휩싸인다. 폴 포츠는 일약 세계적인 스타로 발돋움한다. 이후에 자질 논란이 일어나긴 했지만, 한 곡으로도 그의 자질은 충분하다고 생각된다. 폴 포츠가 욕심을 부린 것은 오페라의 주역이나 교수자리가 아니었기 때문이다. 음악을 사랑하는 열정이 삶을 지탱할 충분한 힘이 될 수 있다는 것을 폴 포츠는 많은 이들 앞에서 증명해보였다.

나의 경우 피아노를 치거나 플루트를 부는 것이 큰 위로가 된다. 복잡한 생각들을 잠시 멈추고 쓰여진 악보를 집중해서 충실히 읽는다. 시각적인 신호를 머리로 해석해 내 몸, 손가락과 입술을 움직여 표현해 청각적 신호로 바꾸는 과정이 얼마나 매력적인지는 겪어본 사람만이 십분 이해할 수 있다.

음악이 가지는 힘, 꼭 클래식이어야 할 이유는 없다. 연주를 못하면 노래를 해도 된다. 잘할 필요도 없다. 내가 좋아하고 즐겨 부를 수 있는 노래면 충분하다. 노래에 취미가 없다면 듣는 것은 어떤가. 기쁠 때 음악이 거들어 주는 일들이야 말할 것도 없지만 마음이 힘들 때 혹은 우울할 때 조용히 앉아 심연을 들여다 볼 때, 듣고 싶은 음악이 있다면 그것만으로도 큰 위로가 될 수 있다. 도무지 음악에서 위로를 얻지 못한다는 분은, 다음 이야기로!

### 인생은 아름다워

나는 여간해선 영화를 두 번 보는 일이 없다. 꽤 오랫동안 <동사서독>이 인생영화였는데 이 영화도 세 번이 한계였다. 그런 내가 세 번을 넘게 본 영화가 바로 <인생은 아름다워>였다. 영화는 나치가 휘두른 잔혹한 폭력을 동화처럼 보여준다. 같은 이야기도 누가 해주는지에 따라 맛이 달라진다지만, 끔찍한 홀로코스트를 이토록 따뜻하고 포근하게 보여주는 영화가 또 있을까. 끔찍한 학살을 말랑말랑한 시선으로 만들어도 괜찮은 걸까? 주인공의 사랑이야기도 포근하지만, 귀도와 아들 조슈아의 수용소 생활을 담은 장면들에선 내가 얼마나 울 수 있는지를 시험했던 <시네마 천국>의 기록을 갱신한 것 같다.

영화를 처음 본 건 개봉하고 비디오로 나왔을 때였고, 내가 결혼하기 한참 전이었다. 공연을 기획하면서 이 영화를 떠올린 이유는 세 가지였다. 첫 번째는 제목이 가지는 아이러니한 의미를 전해주고 싶었고, 두 번째는 영화음악이 너무 아름다워서. 그리고 마지막은 아름다운 영화가 가지는 힘을 알았기 때문이다.

우리의 인생은 결코 아름답지 않은 것들로 가득 차 있다. 내가 7년이 넘도록 매일같이 갈아치워야 했던 기저귀가 그랬고, 구두계약을 하고 종국에는 뒤통수를 친 직원이 그랬다. 약속을 지키지 않는 무수한 사람들이 그랬고, 그런 약속 불이행 때문에 처하게 되는 내 현실이 그랬다. 그럼에도 불구하고 인생이 아름다운 것은 분명 아름다운 것들이 존재하기 때문이다. 가득 찬 똥 같은 현실 속에서도 분명 존재하는 아름다운 순간을 보는 능력은 특별한 사람만 가지는 것이 아니다. 단지 어디에 포커스를 둘지 선택하는 태도의 차이이다. 매일같이 죽음을 마주하는 수용소의 삶에서 아빠는 아이를 선택한다. 아빠가 아이와의 매일을 감사하게 사용한 덕분에 아이는 수용소의 삶조차 아빠와 함께하는 게임 같은 날들이라는 프레임을 가질 수 있었다. 우리들 각자는 귀도처럼 매일매일 삶의 어떠한 부분에 집중할 것인지를 선택할 자유가 있다. 쌓인 기저귀에 집중할 것인지, 무엇과도 바꿀 수 없는 아이의 미소를 선택할지 말이다.

<위로> 공연에서 연주했던 테마는 동명의 음악 'La vita e Bella'다. 피치카토(활을 튕기는 주법)로 시작하는 경쾌한 음악은 가보지도 않은 이태리의 향기를 전해주는 듯하다. 너무나도 사랑스러운 아들 조슈아의 귀여운 얼굴이 떠오르기도 하고 익살스러운 귀도의 표정도 생각난다. 금관악기와 현이 들어오는 부분부터, 세 가족이 자전거를 타고 돌길을 내려오는 장면이 연상되는 음악을 들으면 우리의 인생이 정말 아름답지 않고는 배길 수 없다.

그리고 이러한 영화의 힘

얼마 전 영화음악가 심현정 음악감독과 식사할 기회가 있었다. <올드보이>에서 디즈니 플러스의 최근작 <커넥트>에 이르기까지, 현재에도 유효함을 넘어 탁월한 영화음악가인 선생님은 요즘 영상들이 부쩍 잔인해졌다고 말씀하셨다. 인형이 아닌 사람을 대상으로 찌르고 자르고 토막 내고 터뜨리며 꺼내는 것. 예술에 맞고 틀리고는 없겠지만, 좋고 나쁜 것은 있다고 생각한다. 잔인하지 않은 것이 보다더 좋다고 말할 수는 없지만, 잔인한 역사조차 <인생은 아름다워> 같은 영화를 경유하면서 아름답게 남을 수 있다는 것을 기억하자. 같은 맥락으로 영화라는 예술장르를 통해 우리는 많은 것을 얻을 수 있고, 또 성장할 수 있다. 그러니 영화를 볼 수 있는 한 뼘의 여유를 꼭 남겨놓기를 권해본다. 어떠한 영화를 보더라도 그 영화의 아름다운 순간을 포착하는 심미안도 함께 가지길 바란다.


제주도가 아니라도

<위로> 공연의 마지막 키워드는 '여행'이었다. 세 아이의 엄마가 된 나에게 너무도 꿈같은 단어가 바로 여행이었다. 어디 가까운 곳이라도 가려면 젖병, 사이즈가 다른 기저귀들, 시간별로 갈아입힐 아이들의 옷, 그리고 일을 하며 육아를 병행하는 프리랜서로서 부족한 시간과 금전적 여유라는 현실적인 이유들이 발목을 잡았다. 결혼 전에는 동남아로 해마다 여행을 다니며 나름의 여유를 누렸던 터라, 시간, 돈, 마음의 여유까지 숨이 막혔던 것이 사실이다. 그런 내가 여행의 다른 면을 보게 된 것은 서두에 언급한 사진집 『부산』을 만난 후였다.

아빠가 현대중공업을 다녔던 울산에서 태어난 나는 기억도 나지 않는 어린 시절, 부산으로 이사 왔고 이후로는 한 번도 이 지역을 떠나 살아본 적이 없다. 해마다 갔던 여행이나 디플롬을 포함한 짧은 유학이 전부였다. 공교롭게도 출강했던 학교들이 부산예술중학교, 부산예술고등학교, 부산여자대학교, 부산시영재교육원 등이었다. 나는 부산에서 태어나 자라고 활동하는 부산 사람 그 자체였다. 이런 내게 여행은 숨통을 틔울 수 있는 소중한 기회였다. 그러나 환경이 여의치 않게 되자 스스로를 고립시켰다. 20대 후반에 여러 번에 걸쳐 떠난 해외여행이 나에게 "제대로 된 여행은 비행기를 타고 여권에 도장을 찍는 것"이라는 고정관념을 심어줬을지도 모른다. 그런 나에게 『BUSAN』이 보여주는 풍경들은 지겹도록 살아왔던 부산의 새로운 면들을 알려주었다. '여행이 이럴 수도 있구나, 내가 선택할 수 있는 것들이 이렇게 많구나' 하고 말이다. 꼭 비행기를 타지 않아도, 반드시 호텔에 묵지 않아도 내가 봐왔던 것을 새롭고 다르게 보는 그 순간도 여행이 될 수 있다고 말이다. 그래서 공연의 마지막은 부산의 신선한 모습이 담긴 『BUSAN』을 보여주며 마무리했다. 책을 들고 이 장면을 찾아가 보라는 이야기도 함께 전했다.

같이

연주의 마지막에는 제자와 함께 Garry Schocker의 'Three Dances for Two Flute'를 듀엣으로 연주했다. 단순히 플루트를 좋아해서 열심히 하던 시절보다, 음악과 예술에 대해 고민하면서 혼자보다 함께하는 것에 더 많은 의미를 두게 되었다. 결국, 플루트도 음악도 예술도 혼자일 때보다 깊어지고 넓어질 수 있다는 생각이 들었다. 나만 잘하면 될 줄 알았던 플루트도 들어주는 사람이 없으면 그 의미가 반감되고, 공감이 없는 음악은 늘 공허했다. 예술에 정답은 없고, 나를 포함해 한 사람이라도 좋다면 이미 의미를 가질 수 있지만, 보다 많은 이들의 사랑을 받을 때, 그런 순간이 찾아올 때, 비로소 문화가 된다. 나는 아름다운 문화를 만드는 데 기여하는 예술인으로서, 앞서간 예술인들의 작품을 익히고 다듬어 보여주며, 다음 세대와 연결되고 싶었다.

## "라라랜드"
## 꿈과 현실 그 어딘가에

사람들이 듣고 싶어 하는 음악은 어떤 음악일까?

<위로>라는 제목으로 프리젠트에서 시작한 문화콘서트는 전석 유료 공연이었다(이후에 지원사업에 선정되어 비교적 맘 편한 연주를 한 적도 있지만). 달리 말해 티켓을 팔아 공연하는 것은 결코 마음이 편하지 않다는 것 즉, 연주에만 몰두할 수 없음을 의미한다. 정말이지 그랬다. 첫 공연의 경우 '첫' 시작을 응원하는 의미로 들러준 지인들도 있었으나, 계속 지인들에게 부탁할 수는 없는 노릇이었다. 팔리는 공연을 만들어야 한다는 강박이 옥죄어 올 때쯤, 어디서나 들리는 음악. 대체 이건 뭐지?

신나는 비트가 함께하며 적당히 달콤한 저음인 남자 가수의 음색도 좋았고, 금관이 시원하게 울려대는 화려한 음악도 좋았다. 정말 어디에서나 들려오던 이 음악은 영화 <La La Land>의 OST였다. 바로 이거다! 라는 생각이 들었다. 어디가나 들리는 음악이라면, 그 곡을 라이브로 연주한다면, 관객을 불러 모으기에 충분할 거라고 생각했다. 단지 카피만으로

는 부족했다. 개봉한 지 1년이 지난 영화를 뒤늦게 찾아보았다. 영화를 보는 내내 음악은 물론 세바스찬과 미아의 스토리에 푹 빠져버렸다. 그리고 2017년 7월 28일. 여름밤을 시원하게 수놓는 콘서트 <La La Land>가 프리젠트에서 열렸다.

### Anotherday of Sun

LA의 꽉 막힌 도로 위에서 펼쳐지는 비트 강한 곡! 제목이 마치 <바람과 함께 사라지다>에서 비비안 리가 말하는 대사처럼 느껴졌다. 아마 그 영화에서 영향을 받은 것 같았다. 영화의 시작은 이랬다. 젊고 팔팔한 청춘들이 푸른 꿈을 안고 천사들의 도시로 모였다. 물론 현실은 슝슝 달릴 수 있는 하이웨이 같지 않다. 꽉 막힌 도로 위에서 오도 가도 못하는 그 시간, 떠나온 고향에 대한 그리움과 미래의 청사진이 뒤죽박죽된다. 어디서부터 그리움이고 어디까지 상상인지 모르게 버무려진다. 지난한 시간이 고달픔의 연속이었을지라도 기어코 내일이면 새로운 태양은 다시 떠오르고, 또 하루가 공평하게 주어진다. 젊음으로 가득한 영화의 시작은 21세기 청춘을 위한 응원가 같았다. 비록 꽉 막힌 도로위에서라도 가슴에 품은 꿈이 있다면 살아볼 만하다는 전언. 이 멋진 장면을 원 테이크(편집 없이 한 번에 이어서)로 찍기 위해 수개월 동안 얼마나

노력했다던가. 청춘의 시절은 한 번뿐이라는 메시지를 담기
위해서였을까.

### 우연이 거듭되면 인연이 된다 Lovely Night

주인공의 첫 만남은 복잡한 도로 위에서, 재수 없는 운전자
로 서로를 대면한다. 다음 만남은 미아가 오디션에 지쳐 집
에 가던 중, 피아노 소리에 이끌려 들어간 카페에서 이루어
진다. 사장의 지시를 어기고 제멋대로 연주하는 세바스찬을
본 미아는 그의 음악이 멋지다며 마음을 전하지만, 카페 사장
에게 해고당한 세바스찬에게는 그 말조차 곱게 들리지 않는
다. 그렇게 두 번째 만남도 틀어지는 듯했으나, 둘은 다시 파
티장에서 조우한다. 손님을 위해 자신의 음악 세계와는 전혀
다른 곡을 연주하는 자리에서였다. 이때부터 어긋나 있던 그
들의 만남은 조금씩 맞춰지기 시작한다. 삶처럼, 음악처럼.
<La La Land>의 야경이 그림처럼 펼쳐진 언덕 위에서, 둘의
노래와 춤은 마침내 우연을 인연으로 만드는 마법을 부린다. 내
가 'Lovely Night'를 연주하며 그들의 사랑의 시작을 본 것처럼
말이다.

Mia

영화배우의 꿈을 안고 LA로 온 미아는 틈틈이 오디션을 본다. 하지만 쉽지 않다. 현실을 견뎌내기 위해 카페 바리스타를 병행한다. 예술가라는 공통의 직업을 갖고 있는 나도 많이 공감하는 삶이랄까. 나 또한 오디션과 실기시험을 치르는 삶을 지나왔고, 현실의 생활 안정을 위해 레슨이라는 업을 시작한 게 20살 때부터였다. 게다가 이 시기, 차종까지 미아와 같은 토요타 프리우스를 타고 있었으니 동떨어진 외모에도 밑도 끝도 없는 감정이입 될 수밖에 없었다. 차 이야기가 나와서 말인데 <La La Land>에서 음악 외에도 내 눈을 사로잡은 것은 바로 프리우스였다. 하이브리드라는 가치에 중점을 둔 프리우스는 친환경인 동시에 괴물 같은 연비를 뽐내며 경제적으로도 우수한 차종이었다. 반면 세바스찬의 차는 1982년형 뷰익 리비에라 컨버터블이다. 이름도 어려운 이 차는 클래식카 반열에 오른 기종이다. 당연히 연비 따위는 중요치 않다. 말하자면 미아의 프리우스는 내가 학생들을 가르칠 때면 늘하는 이야기와 일맥상통한다. 즉 꿈은 얼마든지 꿔야 하고, 늘꾸어야 하고, 꾸는 것을 멈추지 말아야 하지만, 발은 현실이라는 땅에 디디고 있어야 한다는 다소(어쩌면 전부) 꼰대와 같은 말. 바로 미아의 삶이 그래 보였다. 안정적인 것과는 거리가 먼 영화배우의 삶을 꿈꾸지만, 그 꿈을 위해서 고향을 떠나 멀리 꿈의 도시 <La La Land>로 왔건만, 자신의 삶을 합리적으로 살아내야 하는 현실과의 타협을 보여주는 장면이랄까.

Sebastian

"전통가들은 결국 혁신가들 일수밖에 없다"

루이 암스트롱, 듀크 엘링턴, 빅스 바이더백, 패츠 월러, 제임스 P. 존슨, 젤리 롤 모턴, 스콧 조플린, 찰리 파커, 디지 길레스피, 마일즈 데이비스, 버드 파웰, 빌 에반스, 오넷 콜맨, 델로니어스 몽크, 존 콜트레인, 모두 재즈의 전통을 대표하는 자들이다. 그렇다면 이들의 공통점은 무엇인가?

이들은 모두 음악의 새로운 발전 가능성을 연 혁신가였다.
그러므로 혁신은 곧 전통이다.

- 케니 워너 『완전한 연주』 중

꼬장꼬장한 고집불통, 출중한 실력의 소유자 세바스찬은 혁신적인 크로스 오버 재즈로 잘나가는 친구들을 보면서도 그런 음악은 하고 싶지 않다. 돈이 된다는 말에도 딱히 흔들리지 않는다. 세바스찬이 원한 것은 화려한 무대와 경제적 보상이 아니었기 때문이다. 세바스찬은 자신이 추구하는 음악을 연주할 작은 공간이면 충분했다. 그를 흔들리게 했던 것은 오직 사랑. 연비 따윈 중요하지 않은 클래식 뷰익을 타는 그였다. 미아가 이루어지지 않는 꿈을 팽개치고 도망치듯 고향으로 갔을 때, 클래식 카에 그녀를 태우고 꿈의 도시 <La La Land>로 온다. 생각해보면 세바스찬도 결국 꿈을 이룬 것 아닌가. 자신의 이름을 건 Bar를 가지게 되었고, 사랑했던 이가 이름 지어준 그 Bar에서 자신의 음악을 원 없이 연주할 수 있게 됐으니 말이다. 오로지 재즈와 피아노만 생각하던 그에게 미아와의 사랑은 자신이 원하는 삶을 접을만한 가치가 있었겠지만, 둘의 사랑이 지속됐다면 세바스찬은 행복했을까?

I hate Jazz

"나는 재즈가 싫어!" 정통 재즈 피아니스트 앞에서 하기 쉽지 않은 말이다. 사랑하는 사이였기에 망정이지, 다시 볼 일 없는 사람에게나 할 수 있는 말이다. 음악가인 나에게 나는 음악이 싫어, 라고 말을 하면 나까지 싫다고 생각한다고 오해하기 십상이니까. 그 사람이 사랑하는 것을 싫어한다니. 하지만 영화에서 미아는 싫어하는 재즈음악을 세바스찬과 함께 즐기게 된다. 그 사람이 좋아하는 거라면, 다시 보고 결국 애정을 쏟게 되는 것. 차마 좋아하기는 힘들더라도 이해하려고 애쓰는 것. 그것이 사랑이겠지. 있는 그대로 상대를 볼 수 있는 것. 재즈를 싫어하는 여자친구에게 해주는 세바스찬의 대사를 생각한다. "재즈는 꿈이야. 충돌하고 화해하고 정말 흥미롭다고." 무엇을 대입해도 맞는 이야기다. 헤겔의 변증법을 떠올렸다면 오버겠지만. 그렇다, 나는 오버쟁이. 삶이 그렇다. 충돌하고 화해하고 늘 그렇다. 재즈가 가지는 매력을 내가 왜 모르겠는가. 재즈가 좋아서 재즈 피아노를 띄엄띄엄 10년 가까이 레슨 받은 나였다. 기본 코드부터 3화음 4화음 쌓으며 텐션에 음렬까지. 재즈 특유의 화성이 주는 오묘한 매력이 좋았다. 악보에 쓰인 것 외에 어떤 것도 허용하지 않는 클래식의 갑갑함에서 벗어나 자유롭게 헤엄치듯 유희를 즐겼다. 아니 그런 줄 알았다. 하지만 클래식은 깊이 공부할수록 얻을 수 있는 자유로운 표현 가능성이 무한했고, 재즈는 알아갈수록 좋은 음악이 되기 위한 자유로움 속 규칙이 분명히 존재했다. 무엇이든 절대적인 것은 없었다. 음악이 그러했고 삶이 그러했으며 사랑이 그러했다. 서로 충돌하고 화해하는 흥미로운 삶과 음악과 사랑. 그 중에서도 사랑을 영화적으로 아름답게 표현한 장면을 떠올린다. 천문대에서 무중력 상태의 세바스찬과 미아가 공중에 뜬 채 별과 달과 함께 춤을 추는 모습과 그때 흐르던 음악. 'Planetarium' 사랑에 빠진 연인들의 감정을 청각적·시각적으로 완벽하게 구현해낸 멋진 장면이다.

## Audition

어쩌면 우리는 모두 오디션을 보면서 살고 있는지 모른다. 내가 필요한 것을 얻기 위해, 또는 내가 원하는 무엇인가가 되기 위해. 어떤 오디션을 보느냐가 다를 뿐, 각자의 시기에 각자의 필요한 오디션을 보며 살아간다. 때로는 현실이라는 벽에 부딪히기도 하고 반복되는 실패에 스스로 꿈을 놓아버리기도 한다. 노래 가사처럼 광기를 가지고 꿈꾸는 자들을 위해, 어리석어 보일지라도 내가 원하는 꿈을 놓지 않는 것은 어떻게 가능할까? 이 질문은 내 자신에게 던지는 물음이기도 했다. 다행히 영화 속 미아(현실의 엠마 스톤)처럼 멋지게 자신의 꿈을 이뤄내는 사람도 있다. 하지만 음악가로서 내가 원하는 삶은 어떤 것인가를 한창 고민하던 때가 있었다. 도대체 이 꿈을 언제까지 내가 쥐고 있을 수 있을까 고민하던 중, 그 대답을 팀 페리스의 명저 『타이탄의 도구들』에서 찾을 수 있었다. 열정이란 '뜨거운 순간의 마음이 아니라 지속 가능성'이라는 사실. 명쾌한 답이 주는 시원함이었다. 세속적 의미의 성공이 중요한 게 아니라 내가 하고 있는 일에 내 가슴이 뛰는지, 이 일이 어제보다 나은 세계를 만드는 데 기여하는지 자문자답해 보았다. 무엇보다 그것을 지속할 수 있는 끈기가 있는지를. 바로! 지속가능성이 열정의 다른 이름이었다.

꿈과 현실 그 어딘가에

&lt;La La Land&gt; 공연은 만석이었다. 자리가 없어 통로에 앉아 감상하는 사람들을 보며 가슴이 뛰었다. 내가 기획하고 연주하는 공연에 함께해준 관객을 생각하면 강연과 연주 시간이 꿈만 같았다. 관람객의 평가는 호평 일색이었다. 음악이 좋았다는 이도 있었고, 이야기가 재미있다고도 해주었다. 공연을 본 부경대학교 교수님께서는 인문학 축제에 초청해주었고, 울산의 경찰서에서 강연을 하기도 했다. 나름 성공적 공연에 보람을 느꼈고, 관객들에게 여러 가지 질문을 남겼다는 점에서도 의미가 있다고 생각했다. 이야기를 풀고 음악을 연주할 수 있는 이 직업에 가슴 뛰었다. 이제 내가 해야 할 일은 지치지 않고, 아니 지치더라도 계속 나아갈 끈기를 잃지 않는 것이었다. 기억하자, 순간 타오르는 열정은 아무것도 아니다. 꿈을 끝까지 놓지 않는 끈기만이 나를 성공으로 이끈다. 내가 바라는 성공이 미아가 이루었던 성공처럼 자신의 분야에서 최

고가 되고 다른 이들도 바라봐주는 성공과 닮기도 했지만 세바스찬의 성공처럼 자신이 원하는 것, 그 자체에 의미를 두고 그것을 추구하고 자족하는 성공이라 해도 충분하다. 당신의 꿈, 당신의 현실은 어디를 향하고 있는가? 가슴이 뛰고 있는가? 당신이 원하는 성공의 방향이 어느 쪽을 향하던 멈추지 않아야 이룰 수 있다.

## "Autumn Singer"
## 가을, 노래로 만나는 편지

진심을 담은 편지가 당신의 마음에 도착하기를

편지가 매체로써 힘을 잃은 것은 어제오늘의 일이 아니다. 전보가 등장했을 때도 편지는 장구하고 절절한 사연을 담아 사람의 사이를 이어주는 중요한 역할을 했다. 하지만 전화 발명에 이은 인터넷의 등장으로 전자메일이 보급된 후로 편지는 설자리를 잃어버렸다. 지금같이 스마트폰 보급률 100%에 육박하는 상황이라면 더 말 할 것도 없다. 이런 시대에 해묵은 이야기를 하는 것이 '꼰대 인증'일까봐 걱정도 되지만, 그럼에도 편지에 대한 이야기를 꼭 한번하고 싶었다.

편지가 지닌 오리지널리티는 손 글씨에 있다. 학창 시절, 동성 친구와 무수히 주고받던 편지, 대학생 때는 타지에 있는 이성친구에게 보낸 애틋한 편지까지. 때때로 마음을 우려내어 한 글자 한 글자 눌러 쓰며 편지를 완성해본 사람만이 아는 진심의 시각화랄까. 완성된 편지는 내용도 중요하지만 편지지와 글씨체 등, 정성의 점도에 따라 만들어지는 미적 완성도가 달랐고, 주는 사람도 받는 사람도 뭉근한 감성을 느낄 수 있었다. 편지는 소통과 연결 도구를 넘어 아날로그 시대를 대표하는 소중한 문화였다. 나는 그런 편지의 감성을 음악에 엮어서 보여주고 싶었다.

음악가의 편지 중에서도 유명한 건 베토벤이 남긴 편지다. 영화 <불멸의 연인>에 등장할 만큼. 베토벤 사후에 비밀 서랍에서 발견된(41세에 기록한) 세 통의 편지는 평생 독신으로 살았던 베토벤의 사랑이 절절히 녹아있다. 편지의 수신인에 대해 의견이 분분하지만 유력한 여인들이 서너 명 거론되고 있을 뿐, 그 답은 오직 베토벤만 알고 있을 것이다. 편지 수신자가 어떤 여인인지와 무관하게 나를 놀라게 한 건 베토벤의 애끓는 사랑이었다. 노벨문학상 수상작가 로맹 롤랑의 1903년 작 『베토벤의 생애』에 실린 베토벤의 편지에는 다음과 같이 쓰여 있다.

「나의 천사, 나의 전부, 나 자신인 그대여

그대에게 말하고 싶은 것이 너무나 많아서

나의 가슴은 터질 듯하오

아아, 내가 어디에 있거나 그대는 나의 마음을 떠나지 않소


아마도 일요일이 되기까지는 나의 첫 기별을 그대가

받아 보지 못하리라는 것을 생각하면 눈물이 납니다.

그대가 나를 사랑하는 그만큼,

아니 그보다 훨씬 더 많이 나는 그대를 그리워하오


아아, 그대를 보지 못하는 이러한 생활은 쓸쓸하구려!

이렇게 가까우면서도 이렇게 먼 그대!

나의 마음은 그대에게로 달린다오, 나의 영원한 사랑이여.

때로는 즐겁게, 때로는 슬프게 운명에게 물으면서,

운명이 우리들의 소원을 들어 주려는가 물으면서 나는

그대와 함께 살든지, 그렇지 않으면 죽어 버리든지 할 거요.


그대 아닌 다른 사람이 내 마음을 차지할 수는

절대로 없을 것이오.

오오, 이렇게 서로 사랑하는데

왜 멀리 떨어져 있어야 한단 말이오!

하긴 나의 인생이란 지금도 그렇지만 슬픔의 인생이오.

그대의 사랑은 나를 세상에서 가장 행복한 동시에

가장 불행한 사람을 만들었소.

안심하시오

안심하시오.

나를 사랑하여 주시오!

오늘도

어제도

얼마나 뜨거운 열망, 얼마나 많은 눈물을 그대에게로,

그대

그대

나의 생명

나의 전부인 그대에게로 보냈던가! 그러면 안녕히!

오오, 끝끝내 나를 사랑해 주시오

그대의 사랑하는 L의 마음을 몰라 주면 안되오.

영원히 그대의 사랑

영원히 나의 사랑

영원히 우리들의 사랑」

Beethoven Piano Trio No.5 in Dmajor 'Ghost'

베토벤 피아노 삼중주 <유령>은 교향곡 5번, 6번을 작곡하고 불안함을 느끼던 시기에 자신에게 진심의 환대를 보여준 에르되디 백작부인에게 헌정한 곡이다. 로맹 롤랑에 따르면 에르되디 백작 부인만큼 베토벤을 내면까지 깊이 이해한 사람은 없었다. <유령>에서 백작부인이 불멸의 연인인지는 중요치 않다. 다른 피아노 트리오 곡은 넘볼 수 없는(악기 구성의 한계를 뛰어넘는) 구성과 풍성함을 갖춘 명작이다. 열정적인 1악장을 지나고, 뒤를 잇는 2악장이 더없는 쓸쓸함으로 다가오는 곡. '유령'이란 제목이 붙은 데도 여러 의견이 분분하다. 당시 베토벤이 오페라 <맥베스>를 고려하며 쓴 스케치에서 시작했다는 말도 있고, 베토벤의 제자 체르니가 느린 악장에서 햄릿의 유령을 떠올린 데서 유래했다는 주장도 있다.

1악장은 뜨거운 열정과 환희와 기쁨으로 가득한 반면 2악장은 체르니의 표현대로 유령에 걸 맞는 분위기를 자아내며 쓸쓸함과 아픔을 연주한다. 아마도 사랑의 양면을 표현한 것은 아닐까. 세상의 모든 것은 양면성을 가지며 사랑 또한 그러하니 말이다. 불멸의 연인을 둘러싼 많은 후보군을 제치고 에르되디 백작 부인에게 헌정한 피아노 삼중주를 고른 이유는 전적으로 개인적 감흥에 따른 것이다. 그러니까 비슷한 시기에 작곡된 곡 중에서도 사랑의 대상을 향한 베토벤의 마음이 빼곡하게 담긴 곡이 <유령>이다.

베토벤의 편지를 보며 사랑하기 적합한 나이란 없다는 사실을 깨닫는다. 불혹을 넘긴 나이에 뜨거운 사랑을 바치는 베토벤의 글에서 열정 가득한 내면이 짐작된다. 편지에서 드러나는 사랑하는 이를 향한 가식 없는 격정적 고백. 오래전, 과거형이 돼버린 이들의 사랑 같지만, 지금 시대의 사랑과 다를 바 없다. 그리운 연인을 떠올리며 편지 쓰는 일과 사랑하는 이의 얼굴을 보며 영상 통화하는 모습이 다르지 않다. 오히려 편지의 고유성과 상상력은 영상 통화를 압도한다. 오감을 동원해 사랑하는 이의 체취를 기억하고 목소리와 얼굴을 떠올리며 써내려가는 편지의 아련함이라니. 즉각적으로 응답받지 못하는 조바심과 답장을 기다리는 동안 품은 설렘과 궁금증은 또 어떻고.

인증샷으로 소식을 전하고 이모티콘으로 감정을 발설하는 시대에 수백 년 전 음악가의 편지가 뭐 대단하냐고 할지도 모른다. 설사 그렇다해도 베토벤의 편지를 소환함으로써 그 시대와 다르게 좀체 감동받지 못하는 무뎌진 감정의 더듬이를 손질하고 싶었다. 떨어지는 낙엽에 사랑하는 이를 떠올리고, 하고 싶은 말을 편지지에 담았던 시절을 잃어버린 사람들에게, 혹은 겪어볼 기회조차 없던 젊은이들에게 보내는 연가 같은 마음이었다.

Autumn Singer 공연이 남긴 질문들

고이담은 마음이 잘 전해지도록 주제와 어울리는 편지를 고르고, 음악을 선곡했다. 프리젠테이션도 디자인을 담아 준비했으며 연습도 꽤 했다고 생각했다. 그런데, 공연을 앞둔 며칠 전부터 불안감이 엄습했다. <라라랜드> 공연의 절반은커녕 손으로 꼽을 숫자만 예매를 한 것이다. 현장 매표의 가능성은 얼마나 있을까. 고민을 거듭하는 새 공연 날이 되었다. 공연을 준비한 참스 팀원은 피아노, 성악가, 가수, 그리고 플루트 연주자이며 해설·기획자인 나, 이렇게 네 명과 프리젠트 직원까지 모두 다섯이었다. 공연이 시작되었을 때 객석에 앉은 사람 숫자는 연주자와 비슷하거나 한두 명 많은 정도였다. 게다가 하필이면 엄마와 엄마 지인도 착석해 있었다. 관객 많을 때 오시지 하는 마음이 들 겨를도 없었다. 공연은 그렇게 진행되었다. 어떻게 시간이 흘렀는지 모르겠지만, 여느 때와 다름없이 진심으로 공연을 이끌었고 마음으로 연주했다. 내 능력은 부족했을지 몰라도 팀원 실력은 정평이 나 있는 터라 연주도 분명 훌륭했다. 기억에 선명히 남은 것은 오로지 시인 문효치가 부인 한춘희에게 쓴 편지를 읽으며 끝내 오열하고 말았던 장면이었다.

"우리가 생애를 다할 때까지 변치 않고 이어질
    사랑이 남아있습니다."

이 부분을 읽을 때 줄줄 흐르던 눈물이 왜 그렇게 짰을까. 울고 있는 내가 청승맞아서인지, 내용이 좋아서인지, 엄마는 물론이고 엄마의 지인, 그리고 이름 모를 관객도 하나 되어 울고 있는 것이 보였다.

엄마는 왜 우셨을까? 내가 읽은 편지에 감동한 걸까. 서둘러 자리를 일어나 가버릴 만큼 바쁜 엄마. 나이 드셔서 좀 쉬고 싶다고 하시면서도 자신의 일을 놓지 않고 평생 딸 아들 키우느라 정신없던 엄마. 당신과는 다른 삶을 살기를 바랐건만, 곱게 키웠다고 생각한 딸이 열 손가락에도 못 미치는 관객 앞에서 고군분투하는 모습이 안타까웠을까.

엄마의 지인은 왜 우셨을까? 그 눈물이야말로 편지가 전해주는 진심의 사랑을 전해 받았기 때문이었을까. 이름 모를 관객은 왜 울었을까? 울컥해서 눈물을 줄줄 흘리는 연주자가 애처로워서였을까. 공연이 끝나고 감사하다고 고개 숙여 인사드릴 때, 이름 모를 관객분은 1회 <위로> 공연이 좋아서 한 번 더 오셨고, 오늘도 잘 보고 간다고 미소를 보내주셨다.

그럼 도대체 왜 나는 그렇게 펑펑 울었을까? 부모님 품에 있을 때는 몰랐던, 세상은 그렇게 만만치 않고 쉽지 않다는 사실을 시시때때로 겪는 시기였다. 평생 우리 집이 부유하다고 생각하지 않았고, 실상도 그랬지만 그래도 참 풍족하게 살았구나 하는 것을 살림을 살아가며 깨치는 과정이었다. 나는 아이만 낳으면 사랑으로 기를 줄 알았건만, 그토록 싫었던 무섭고 엄한 엄마보다 더 무서운 얼굴로 소리를 지르고 있는 나를 발견하게 되었다. 하지만 이 아이들을 향한 마음이 사랑이 아니라면 무엇일까. 부모님의 사랑이야말로 생을 다할 때까지 변치 않고 이어질 사랑이라는 깨달음의 눈물이었겠지.

기획자로 설렜고, 기쁘다가 혹독한 시간도 보낸 <프리젠트>에서의 마지막 공연이었다. 내가 하고 싶고 내가 보여주고 싶은 진심보다도 사람들이 무엇을 원하고, 어떤 것을 듣고 싶어

하는지에 더 귀 기울여야 함을 배웠다. 요컨대 사람들이 들어 주었으면, 관심 가져주었으면 하는 것은 내가 주장해서 될 일이 아니라는 것이다. 공감은 기획자가 만들어가는 것이 아니다. 기획자는 주제에 대해 고민을 하고, 적절한 장을 만들며, 이를 구현하기 위한 적절한 장치(연주의 흐름이나 선곡, 혹은 여러 무대 장치) 등을 통해 자연스럽게 주제를 전달하여 관객의 공감을 이끌어내면 된다. 이것이 진짜 공연 아닐까 하는 깨달음에 이르게 되었다.

내가 그토록 공연을 하고 싶은 이유는 무엇이었을까. 내 얘기를 들어달라는 일방적인 요구는 아니었는지 돌아보는 시간이었다. 관객의 마음속을 다 들여다보고 모두 만족시킬 수는 없겠지만, 대중이 함께 이야기 나누고 싶은 것이 무엇인지, 그들이 듣고 싶은 음악은 어떤 것인지 눈여겨봐야 한다. 그것들이 이제껏 위대한 음악가, 문학가, 화가, 조각가들이 해 왔던 일이 아니었을까. 복잡한 인간의 내면을 들여다보고 관찰하며 기록하고 희망을 건져내는 것 말이다. 위대한 예술가들 발 끝에도 못 미치지만, 나는 이번 공연의 실패로 하나의 나이테를 얻었다고 생각하기로 했다. 꼭 기획자가 아니라도 기억해 볼 만한 공감에 대한 교훈이랄까. 살면서 나를 이해 못하는 많은 이들과 갈등을 겪고 살아왔다. 비틀어보면 그 사람들 역시 내가 자신을 이해하지 못한다고 생각했을 것이다. 공감이란 교집합에 들어가 서로의 감정이 같은 주파수로 울리는 것이니까.

<프리젠트>에서의 마지막 문화콘서트는 내게 설렘과 환희 그리고 실패의 경험을 3종세트로 안겨주었다. 어쩌면 나는 그때 조금 더 성숙해졌는지도 모른다. 나이는 그냥 먹는 것이지만 성장은 실패를 머금어야 하지 않느냐는 넉살도 Present-선물 받았다.

# 강렬한 예술가들이 건네는
# 더 강렬한 영감

## "남자의 향기"
## 사랑한다면 베르나르 뷔페처럼

전문연주단체 Charms(참스)는 나를 제외한 모든 멤버가 남자다. 타악기 이상진, 바리톤 한정현, 바리톤 장진웅, 피아노 진승민, 클라리넷 유지훈까지. 최근에 첼로 윤주연 선생이 들어오기 전까지 나는 홍일점이었다. 홍일점이라서 이득이 있냐고? 천만에! 작은 단체의 대표이기에 해야 할 일이 더 많았다. 여자라고 대우받는 일은 드물었다. 아마도 세 아이의 엄마이자 억척스런 아줌마 이미지가 더해져서인지 모르겠다.

2018년 어느날, 베이스 한혜열 선생과 함께 연주할 기회가 생겼다. 영상을 찾아보니 훤칠한 외모에 깊은 울림을 가진 베이스였다. 남자만이 낼 수 있는 깊은 저음을 가진 목소리가 더해지니 남자에 대해 이야기해도 좋겠다는 생각을 했다. 이 즈음 나는 표현주의가 화가 베르나르 뷔페의 작품에 빠져 있었다.

## 상남자 피아졸라와 Libertango

남성적이다, 여성적이다, 라며 나누는 것은 구시대 사고일 것이지만 상남자, 하남자(상남자가 가지는 남성적이고 호전적 이미지에 반대되는 남자를 이르는 신조어)라 나누어 칭하는 젊은이들의 의견에 따르자면 아스토르 피아졸라는 상남자다. 피아졸라는 상남자를 논할 때 빼놓기 아쉬운 작곡가다. 마초성향이 강한 남자랄까. 그는 평생 자신감이 넘치는 삶을 살았고 자신의 음악이 서기 3000년에도 흐를 것이라 호언장담했다. 흘러가는 상황을 보자니 그의 말대로 될 것 같기도 하다. 많은 약점에도 불구하고 무대에서 보여준 그의 카리스마는 객석을 압도했다. 그의 음악 역시 탱고라는 장르의 리듬, 화성, 주법을 다양하게 선보이며 끓어오르는 열정을 표현해냈다.

탱고에서 반도네온은 특별한 악기다. 십수 년 사이 다시 각광받고 있지만 피아졸라가 줄곧 연주하기 전까지 이 악기는 사라질 위기를 맞기도 했다. 아코디언과 비슷한 것 같으면서도 특유의 애잔함을 더 머금고 있는 악기다. 1974년 피아졸라는 시대를 초월해 다양하게 재해석되고, 지금도 세계 곳곳에서 상연되는 자신의 최고 히트곡 Libertango를 만들었다. Libertango는 완전히 새로운 탱고의 시대를 열면서 Nuevotango라는 새로운 장르를 견인하였고, 탱고가 무도회용 춤곡이 아닌 연주곡 자체만으로 감상의 가치를 지닌 '감상용 곡'이 될 수 있음을 보여주었다.

반도네온으로 연주하는 Libertango를 듣고 있자면 자유를 갈망하는 남자가 떠오른다. 그는 열정 가득한 삶을 살았다. 쉬지 않고 달려왔던 길을 뒤돌아보지만 어딘가 숨 막힌 현실을 깨닫는다. 자신의 과거를 돌아보고 현실을 직시하며 진정한 자유를 위한 커다란 결정을 단호하게 하는 모습이랄까. 상남자가 꼭 성별을 가리지 않는 표현이라고 생각하는 나에게 상남자의 삶, 그러니까 자유에 몸을 맡기는 꿈을 꾸게 해주는 음악이다. 반도네온과 피아졸라가 궁금하다면 반도네온 연주자 Mario Stefano Pietrodarchi의 챔버 협연 연주를 꼭 들어보기를 권한다.

세빌리아의 이발사, 피가로

오랫동안 남성 중심 사회에서 관용구처럼 쓰이던 말. '남자라면 입이 무거워야지!', 혹은 '남자는 태어나서 세 번 운다.' 등의 남자를 정의하는 말은 이제 더 이상 유효하지 않다. 시대가 바뀌고 세상이 변하면서 입이 무거운 남자는 신랑감으로도 매력 없다는 인식이 퍼지기 시작했다. 유머러스한 남자가 신랑감 1위의 요건으로 꼽히기도 했고, 말없이 침묵으로 일관하는 가장은 가족 구성원으로 인정받지 못하기에 이르렀다. 이런 세상이 올 것을 미리 알았던 것처럼, 미래의 캐릭터를 창조한 극작가가 있었다.

1775년 프랑스의 희곡 작가인 피에르 보마르셰는 피가로라는 캐릭터를 구축해낸다. 피가로는 연극으로 초연된다. 그리고 큰 인기에 힘입어 이후 오페라로 만들어지는데, 흔히 알고 있는 로시니의 <세빌리아의 이발사>로 시작하여 모차르트의 <피가로의 결혼> 그리고 두 작품에 비해 인지도가 떨어지는 <죄 많은 어머니>로 이어지는 3부작이다. 세 작품에서 드러나는 피가로의 특징은 아는 것이 많고 상냥하며 재치가 넘친다. 익살맞고 장난기 많지만 자주 촌철살인을 날린다. 연극의 순서는 <세빌리아의 이발사>가 먼저지만, 오페라는 1786

년에 <피가로의 결혼>을 먼저 만들었고, 1816년에 <세빌리아의 이발사>가 만들어진다. 말하자면 <피가로의 결혼>의 성공에 힘입어 프리퀄 격으로 만든 게 <세빌리아의 이발사>이다.

피가로가 진중함과 거리가 먼 캐릭터라는 건 두말할 필요도 없지만, 등장인물도 하나같이 보통이 아니다. 알마비바 백작은 자신이 가지고 싶은 여인을 위해 협잡과 매수를 일삼는다. 바실리오 역도 마찬가지다. 알마비바 백작이 변장과 거짓을 무릅쓰고 소유하고자 했던 로시나의 음악선생이 바실리오다. 로시나의 재산을 탐하여 결혼하려는 바르톨로 박사가 알마비바 백작을 제거하기 위해 사용한 가장 효과적인 방법은 중상모략이라 하며 La calunnia è un venticello (험담은 산들바람)을 부르는 대목은 점입가경이다. 이렇게 낮고 믿음직스러운 목소리로 중상모략을 노래하다니. 250여 년 전에도 인간의 오감은 믿을 것이 못 되었나 보다.

남자의 뇌구조

1981년 드-라코스테-우탐싱은 뇌량에 관해 흥미로운 결과를 내놓는다. 뇌량이란 뇌의 좌우를 연결하는 다리, 즉 신경들의 연결을 담당하는 부위인데 여성이 남성보다 크다는 게 드-

라코스테-우탐싱의 연구 결과였다. 이후 이 연구가 고작 14명을 대상으로 했으며 그 대상들이 적정했는지조차 논란거리가 되었다. 성별에 기인하기보다 개인별 차이라 보는 것이 맞다는 주장이 등장했지만, 여자의 뇌량이 남자의 것에 비해 상대적으로 크다는 논문은 다수 존재하는 데 반해 그 반대의 경우는 아예 없다는 점에 의미를 두고 이야기를 시작해보자.

앞서 말했듯 뇌량은 뇌의 좌우를 연결해 주는 통로의 역할을 한다. 단순히 연결하는 것이 아니라 감각과 운동을 통합하거나 재능과 정체성, 마음을 만드는 중요한 역할을 하기도 한다. 특히 상호작용이 필요한 경우 좌우의 뇌를 동시다발적으로 써야 하는 멀티 태스킹에 이 뇌량이 크게 작용한다. 그래서 여성이 전화통화를 하면서 요리를 하거나 아이를 한쪽 팔로 안고 한쪽 손으로 청소기를 돌리는 것이 가능한 반면 남성은 힘들다는 것을 뒷받침하기도 한다. 그러니까 외출하면서 게임을 하고 있는 아들에게 나중에 쓰레기 꼭 버리라고 말했다고, 집에 돌아와서 그대로 있는 쓰레기를 보고 화를 내면 안 된다는 과학적 근거가 되는 것이다. 화가 나고 짜증나는 게 쓰레기뿐이겠냐 마는 아들이 내 말을 무시해서가 아니라 뇌구조가 그렇다고 하니 조금은 이해가 되는 것도 사실이다.

## 남자의 순정-베르나르 뷔페

남자가 생각보다 진중한 존재가 아닐 수도 있고, 뇌 구조상 멀티태스킹이 쉽지 않다는 이야기를 했다. 상남자에 이어 하남자까지 등장하는 이 시대에 남녀의 구분은 더 이상 큰 의미가 없지만, 이성애자인 나에게는 남자의 순정에 대한 로망이 있다. 아줌마라고 사랑에 대한 로망을 가지지 말아야 한다면, 그건 너무 잔인한 일일 것이다. 각설하고, 그런 로망을 대리 만족시켜주는 그림 한 점을 발견했다. 특이하게도, 그것은 자신의 유서를 작품으로 만든 것이었다. 작품에 화가 특유의 그림체로 테이블 위의 램프와 꽃병, 종이 두 장 그리고 그 종이에다가 자신의 유서를 글로 써서 그림으로 완성한 것이다. 제목은 <유언장 정물화>. 내용 역시 순정파답다. 자신이 죽으면 모든 것을 아나벨에게 준다는 내용이다. 젊은 시절 이미 백만 장자가 되어 재산이 엄청났기에 그림의 효력이 없을까봐 지문까지 찍었다 하니 아, 정말. 남자가 사랑을 하면 이렇게 해야 한다는 로망(백만장자여서만은 절대 아님)을 품게 해준 베르나르 뷔페의 그림이다.


베르나르 뷔페는 1928년에 태어나 어린 시절 2차 세계대전을 겪는다. 한창 영민하고 섬세했던 그가 본 전쟁의 참상은 감수성에 많은 생채기를 낸다. 정체성이 확립되지 않았고 충분한 사랑을 받아도 모자란 어린이와 청소년에게 전쟁은 더 가혹할 수밖에 없는 현실이었을 것이다. 게다가 아버지는 가정에 관심이 없었다. 그래도 뷔페에게는 사랑하는 어머니가 있었다. 어머니는 그림 그리기 좋아하는 아들을 위해서 학교 공부 외에도 미술학원에 다니게 해 주었고, 일요일이면 아들을 데리고 루브르에 가는 열성도 보였다. 미술 선생님의 추천으로 파리의 에콜 데 보자르라는 유명한 미술학교에 조기입학(15세에 최초로) 하게 된다. 하지만 운명은 호락호락 하지 않았다. 운명이 17세의 뷔페에게서 어머니를 앗아가자 뷔페는 끝없이 침잠한다. 1년간 칩거에 가까운 생활을 하던 그를 지탱했던 것은 오직 그림이었다. 그림을 그리면 어머니를 잊을 수 있었다. 뷔페의 그림에는 시대의 아픔과 그의 독특한 개성이 고스란히 담겨 있으며, 이 작품들은 파리 미술의 상징이 되었다. 이를 통해 뷔페는 단시간에 큰 성공을 거두게 된다. 뷔페는 20대 시절 대부분을 동성인 피에르 베르제와 연인으로 지냈으나, 피에르가 입생 로랑(우리가 잘 아는 그 입생 로랑)과 만나게 되면서 헤어지게 된다. 그 후, 뷔페는 새로운 연인 아나벨을 만나게 된다.

사진작가 루코넬이 뷔페와 아나벨을 각각 모델로 불러 처음 만나게 했고, 이후 뷔페는 절친한 친구 프랑수아즈 사강의 파티에서 아나벨과 재회한다. 그때부터 뷔페는 아나벨의 집이 100킬로미터나 떨어져 있는 것에 개의치 않고 매일 그녀를 만나기 위해 달렸다. 평생 운전면허증이 없던 그가 어떻게 그녀를 만나러 갔을지는 모르겠으나, 아무리 기사가 운전을 했다고 해도 매일 왕복 100킬로미터를 달리는 것은 대단한 일이었다. 수려한 외모에 성공한 화가와 아름다운 모델이자 가수, 그리고 배우였던 연인의 사랑은 가십거리가 되기 쉬웠을 것이다. 우리는 매일 그런 기사를 수없이 보지 않는가. 얼마 후 헤어졌다는 기사도 함께 말이다. 하지만 뷔페와 아나벨의 사랑은 달랐다. 아나벨을 그린 그림 수십 점으로 전시회를 열기도 한다. 아나벨은 가장 먼저 진지하게 뷔페의 그림을 봐주는 비평가였다. 기성 평단은 뷔페가 괴로움과 상실감으로 그림을 그릴 때에는 앞 다투어 프랑스의 미래라고 떠받들다가, 세속적 성공으로 부와 명예를 누리며 사랑하는 여인까지 얻게 되어 부족할 것 없는 삶을 살자 상업적인 작가라고 몰아붙인다. 뷔페가 전시회를 열면 약속이나 한 듯 평단의 인물은 한 명도 참석하지 않았다. 뷔페가 힘들고 괴로울 때만 사랑한 평론가들과는 달리 아나벨은 항상 뷔페와 함께였고 뷔페가 파킨슨병으로 더 이상 그림을 그리지 못하며 괴로워하다 자살할 때까지도 뷔페 곁을 지켰다.

　뷔페와 아나벨은 뷔페가 자살한 1999년까지 40년을 함께 했다. 평생 그림을 그리며 사랑하는 아내와 그림과 글, 예술에 대한 지식과 감성을 나누었다. 자신의 모든 것을 주고 싶어 했던 사랑. 이것이 순정이 아니고 무엇이겠는가. 남자의 순정이란 바로 이런 것이라고 정의 내리고 싶은 순수하고도 지고한 사랑이었다.

　뷔페의 이야기 끝에 담은 노래는 허림이 작사하고 윤학준이 작곡한 <마중>이라는 곡이었다. 훤칠한 미남 뷔페의 이야기에 굴하지 않는 핸섬한 베이스가 부르는 "그대 꿈 가만가만 들어주며 내 사랑 들려주며"라는 가사가 너무도 어울렸다.

　부산의 문화공간 <스페이스 움UM>은 부산 문화인들에게 특별한 공간이다. 김은숙 관장이 운영하는 이 공간은 문화예술을 사랑하는 그 마음으로 똘똘 뭉친 김 관장을 빼고서는 상상할 수 없는 곳이다. 내 코가 석자라 공간의 수익구조를 논할 바는 아니지만, 아무리 생각해도 돈 때문에 하는 일이 아니라는 건 분명하다. <스페이스 움UM>은 매주 음악회를 주최하여 막 귀국하여 연주할 자리가 마땅치 않은 신인들에게, 혹은 활동을 시작하려는 팀들의 데뷔 무대를 마련해주면서도 항상 연주비를 챙겨주려고 한다. 다양한 기획과 연계하여 크고 작은 사업을 운영하고, 음악보다 먼저 시작된 미술관으로서의 역할도 충실히 하고 있다. 이런 상황이다 보니 부산에서 활동하는 예술가들 중 스페이스 움을 거쳐 가지 않은 이가 없다고 해도 과언이 아니다.

이처럼 팀원과 초대 베이스 성악가와 함께했던 <스페이스 움UM 정기 연주회>의 기억은 탄탄한 저음과 베르나르 뷔페의 <유언장 정물화>의 이미지로 내게 남았다. 당신이 갖고 있는 남자에 대한 이미지가 새삼 궁금해진다. 바로 대답할 수 없는 독자와 다르게 무대가 가지는 현장성, 당시의 공연에서는 멀티태스킹이 안 되는 남자 부분에서 많이들 깔깔 웃어주셨고 뷔페의 이야기에 감동받은 모습이었다. 과연 뷔페의 순정이 남자의 순정으로 대변될 수 있다는 공감도 함께 말이다.

(참고할 사이트)
https://www.brainmedia.co.kr/MediaContent/MediaContentView.
    aspx?MenuCd=BRAINSCIENCE&contIdx=246
https://www.brainmedia.co.kr/BrainScience/212
https://www.brainmedia.co.kr/BrainScience/934

## "그녀, 프리다 칼로"
## 죽는 것이 사는 곳보다 쉬울지라도!

때로는 충격적인 소재를 담으면서 그 충격적인 소재에 잘 어울리는 강렬한 색감을 가진 그림들. 칼로 난자당한 그림에서는 그녀가 느꼈을 법한 고통이 고스란히 내게 전해졌다. 또 그 옆에 서 있는 리베라라는 남자는 도대체 어떤 존재였기에 자기 이마에 새길 정도로 사랑할 수 있었는지, 나는 감히 상상할 수도 없었다. 나만큼이나 그녀 이야기에 공감한 이들이 많았나 보다. 2000년대 초, 다른 이들에게 영감을 주는 커다란 존재로 부상한 프리다 칼로. 그녀는 자기 작품을 넘어 영화로, 또 뮤지컬로 대한민국을 종횡무진 중이었다. 그녀의 매력을 더 깊이 들여다보고 싶었다. 부산 남천동 문화공간 <빈빈> 김종희 대표의 기획으로 <퇴근길 음악살롱>이 열리게 되었다. 꼭지를 맡은 여름의 초입, 프리다 칼로를 주제로 잡고 그녀의 이름이 붙은 책을 대부분 수집했다. 그렇게 프리다 칼로와 진지하게 대면했다.

여러 가지 극적인 요소가 그녀를 더욱 드라마틱하게 만들기도 했지만, 프리다는 그녀 자체로도 영감으로 가득 찬 인물이었다. 어릴 적부터 다리 한쪽이 불편했던 그녀는 그런 불편은 비교도 안 될 큰 사고를 겪는다. 죽음에서 살아 돌아온 그녀는 고통스런 환경이 무색할 만큼 강인하고 아름답게 성장했다. 게다가 운명의 상대마저 멕시코의 국민화가라 불리는 남자였으니, 드라마틱한 삶을 살아간 그녀의 이야기는 영화로 만들어지기에 너무도 적합했는지 모른다.

## Cielto Lindo(예쁜 하늘)

(1882년 끼리노 멘도사가 멕시코 전통 민요에 가사를 붙인 이후 알려진, 베사메무초에 비견되는 곡. 글쓴이 주)

프리다 칼로는 헝가리계 독일인 아버지와 멕시코계 어머니의 셋째 딸로 1907년에 태어났다. 출생년도를 1910년으로 바꾸어 말할 만큼 멕시코는 격변의 시대였다. 프리다는 소아마비로 인해 위축되는 시기를 겪기도 했지만 이내 특유의 긍정적인 성격으로 경쾌하고 총명한 어린 시절을 보낸다. 멕시코 국립예비학교에 여학생 입학이 허용된 직후 2000명의 전교생 중 여학생은 프리다 칼로를 포함해 단 35명이었다. 멕시코의 미래를 선도할 인재들이 모인 곳, 바로 그 곳에 프리다가 있었다. 아버지인 기예르모 칼로는 자신이 이루지 못한 학자의 꿈을 이루어줄 사람으로 여러 딸 중 가장 영특한 프리다를 지목하고, 아들과 다름없는 기대를 품었다. 프리다는 카추차(Cachucahs)라는 모임을 만들어 활동하기도 했는데, 이들은 짓궂은 장난으로 유명했다. 훗날 이 모임의 멤버들은 멕시코의 지식인으로 성장했다. 혁명이 일상인 시대에 어린 시절을 보내며 변화하는 세계를 온몸으로 맞이했던 프리다. 그럼에도 프리다의 삶은 예쁜 하늘처럼 푸르고 아름다웠다. 죽음 직전으로 내몬 사고를 당하기 전까지는 적어도 그랬다.

첫 번째 사고

1925년 9월 17일 멕시코 독립기념일 다음 날, 프리다는 양산을 두고 온 것을 뒤늦게 알아차리고는 버스에서 재빨리 내렸다. 그리고 다시 타게 된 버스가 문제의 버스였던 것이다. 사고와 동시에 전차의 철제 쇠기둥이, 소녀에서 여인으로 성숙해 가던 프리다의 몸을 관통했다. 현장에서는 이미 두 명이 숨졌고, 병원으로 옮겨진 사람들 중에서도 사망자가 있었다. 프리다도 그렇게 되는 것이 이상하지 않을 사고였다. 프리다의 온몸은 동강난 목각인형처럼 너덜거렸다. 의사들이 퍼즐 맞추듯 그녀의 사지를 끼워 맞췄다. 살 수 있을 거란 희망은 오직 프리다만 품고 있는 것처럼 보였다. 당시 연인 알레한드로에게 그녀가 쏟아내듯 쓴 편지들은 사랑이 삶의 의지를 간

신히 붙잡는 데 큰 힘이 되었음을 말해준다. 그의 답장에 통증을 잊을 만큼, 조각난 몸뚱이가 맞춰지는 동안에도, 그녀는 사랑에 진심이었다.

뜨거운 사랑만큼이나 프리다의 회복을 도운 것은 그림이었다. 뼈와 살이 다시 자리 잡을 동안 보내야 했던 침대에서의 시간들. 그녀가 할 수 있는 거의 유일한 움직임은 손을 움직여 그림을 그리고 편지를 쓰는 것이었다. 그렇게 프리다는 다시 한번 삶을 부여받았다. 생과 사를 넘나들며 사랑도 오고 가는 동안 그녀에게 남은 것은 오직 그림이었다.

누워서 시간을 보내던 딸에게 특수 이젤을 주문해준 엄마 덕분이었을까? 자신의 취미생활인 그림 그리기 용품을 양보해준 아빠의 배경이었을까? 어쨌든 그렇게 시작한 프리다의 그림은 알레한드로가 점점 멀어질 때에도 곁을 지키며 그녀를 지탱해 주었다.

두 번째 사고

프리다가 첫 번째 사고에서 회복될 때쯤 처음 만난 디에고 리베라는 마흔한 살. 어릴 적부터 비범한 미술영재였고, 유럽으로 떠나 십수 년 뒤에 멕시코에 돌아온 디에고는 이미 대가의 반열에 이름을 올린 화가였다. 교육부 건물 벽화를 그릴 때 벽화작업을 하던 디에고와 프리다의 만남은 그녀의 표현에 의하면 '첫 번째 사고'에 비견될 '두 번째 사고'였다.

멕시코 민중의 삶에 고취돼 있던 디에고는 공산당 활동도 열심히 했지만 사랑에 대한 열정 또한 못지 않았다. 자신보다 20살이 넘게 어린 프리다와 재혼했음에도, 평생 여러 여자를 만나고 끊임없이 애정을 갈구하던 디에고는 급기야 프리다의 친여동생과 불륜을 저지른다. 프리다는 결국 이혼을 택한다. 이혼 후에 다시 연애를 해보기도 하지만 결국 디에고와 재혼한다. 프리다에게 디에고는 그녀의 표현대로 아버지였고, 친구였으며, 사랑이자 아들이었다. 사랑하고 미워하고 증오하지만 결국 받아들일 수밖에 없는 운명. 디에고와의 사랑은 두 번째 사고로 다가와 그녀의 삶을 통째로 흔들었고 회복되지 않는 아픔을 남겼다.

프리다가 알레한드로에게 보냈던 보티첼리풍 <자화상> (1926)을 보자. 창백한 얼굴로 수줍게 살짝 옆으로 앉아 시선을 비킨 공주풍 소녀의 이미지이다. 디에고를 만나고서 프리다가 그린 두 번째 <자화상>(1929). 눈빛은 더 빛나고 자신 있게 정면을 응시한다. 나에게 닥친 이 사고를 강인하게 이겨내겠다는 듯이 말이다. 입가에 살짝 띈 미소가 앞으로의 일에 대한 기대감도 묻어났다. 그리고 바로 다음 해의 <자화상> (1930). 1년 사이에 입가의 미소가 사라진 것이 눈에 띈다. 그렇다. 결혼은 현실이다. 입가의 미소가 사라지고 정면에서 살짝 비낀 얼굴에 그늘이 생긴 결혼생활이라니. 그럼에도 프리다는 막장의 끝을 마주하기 전까지 디에고의 부인으로서 최선을 다했다. 디에고가 미술사에 남을 벽화를 작업할 때 그의 곁을 지켰고, 조각난 몸으로 그의 아이를 가지려고 애를 썼으며, 임신 자체가 기적인 몸 상태에서 유산도 경험했다. 유산의 경험을 그린 <헨리 포드 병원>(1932)을 보면 그녀의 아픔이 오롯이 전해진다. 끝내 만나지 못한 아이에 대한 그리움과 골반이 찢겨 나갈 것 같은 고통이 느껴진다. 생명에 대한 경이와 삶에 대한 고통이 혼재하는 그림을 통해 그녀는 삶을 갈구하고 있었다. 살고 싶지 않은 고통 속에서 끊임없이 살아있음을 직시하는 그녀의 생명력이 내게 전해졌다.

"어떻게 하면 삶을 견딜 수 있죠?"

1945년, 영국에서 태어나 16세에 이미 런던에서 데뷔한 천재 첼로 연주자 자클린 뒤 프레(Jacqueline Du pre, 1945-1987). 스물두 살이라는 너무 이른 나이에(본인보다 인지도도

미미했던) 피아니스트이자 지휘자로 활동하던 다니엘 바렌보임을 만나 결혼한다. 음악사에 길이 남은 러브스토리의 주인공 클라라와 슈만에 비견되던 그들의 사랑은 슈만에게 정신병이 찾아왔던 것처럼 자클린에게 다발성 뇌척수 경화증이 찾아오며 비극으로 치닫는다. 일곱 명이나 되는 아이를 두고 정신병원에 들어간 남편 슈만과 비교하면, 클라라는 뛰어난 피아니스트이자 음악학교 교장이었지만 그녀의 삶은 지금의 워킹맘과는 비교할 수 없는 것이었다. 바렌보임은 클라라가 슈만을 기다렸던 것처럼, 혹은 브람스가 슈만을 존경하는 마음과 클라라에 대한 음악적·정신적 흠모를 비췄던 브람스의 애틋함과는 달리, 아픈 아내를 버려둔 채 피아니스트와 대놓고 바람을 피우고 당당히 이혼을 요구한다. 죽을 때까지 이혼을 거부했던 자클린에게 삶은 견딜 수 없는 것이었다. 무너져가는 육신을 매일 목도하며 말하는 것조차 버거운 말년의 자클린은 자신에게 전성기를 선사했던 <엘가 첼로 협주곡>을 틀어놓고 말한다.

"들을 때마다 몸이 찢겨져 나가는 기분이 들어요…

눈물 조각처럼.

(고개를 떨구며) 어떻게 하면 삶을 견딜 수 있죠?"

<자클린의 눈물>은 호프만의 이야기로 유명한 오펜바흐 (Offenbach, 1818-1880)의 미 발표곡이었다. 독일의 첼리스트 베르너 토마스가 발굴하여 당시 안타까운 삶을 살았던 자클린의 이름을 붙여 연주한 곡이다.

프리다와 자클린, 누구의 삶이 더 견딜 수 없었는지는 모르겠다. 다만 둘은 끝까지 자신의 삶을 견뎌낸 예술가였다. 음악으로 삶의 환희를 만나고 인생의 동반자를 만났다고 생각했던 자클린은, 음악으로 행복했던 시간만큼 죽음으로 향하는 길을 묵묵히 걸어야 했다. 프리다 역시 소아마비를 겪고 온몸이 쇠창에 찔린 후 살아남아 그림에 생을 담고자 했지만, 만난 사랑이 평생의 애증의 상대로 그녀를 힘들게 했고, 삶의 끝에서는 한쪽 발목을 절단하는 아픔까지 겪어야 했다. 두 예술가의 삶에 대해 이야기하고, <자클린의 눈물>을 연주하면서 고통은 견뎌내는 것이 아니라는 것을 나는 깨달았다. 그 같은 고통을 어떻게 견딜 수 있단 말인가. 온몸이 굳어가고 죽어가는 공포를, 쇠창살에 몸이 뚫리는 아픔을, 발목이 잘리는 참혹함을, 그럼에도 아직 살아있는 내 앞에서 다른 여자와 함께하는 남편을….

이 아름다웠던 예술가들은 순간에 집중했다. 순간을 살기 위해 연주하고 그렸다. 연주할 수 없고 그릴 수 없을 때는 자 자신의 연주를 들었고, 그림을 전시했다. 그야말로 예술이 있 었기에 그들의 참혹한 순간은 견딜 수 있었는지도 모른다.

### Viva La Vida (1954)

내가 제일 좋아하는 과일(과채류) 중 하나는 수박이다. 시 선을 사로잡는 붉은 색과 그 속에 가득 담긴 과즙은 충만한 생 명처럼 느껴졌다. 간간히 박힌 검은 씨마저 피해 가는 재미 있는 이 과일을 프리다는 캔버스에 담았고, 여기에 Viva La Vida(인생만세)라고 이름 붙인다. 한평생 견디기만 해도 벅찼 을 그녀는 견딘 것이 아니라 순간순간을 살았던 것이다. 끝내 인생은 아름답다고 외치는 그녀의 작품 위로 영화 <인생의 아 름다워>의 귀도의 마지막 행진이 오버랩된다. 우리가 집중해 야 할 것은 우리가 선택할 수 있는 것이듯, 단단한 껍질을 뚫 어내고 과즙 가득한 빨간 속살을 만나는 일 역시 그녀의 선택 이다.

### Fantasia Mexicana fort two flutes-Samuel Zymann

프리다 칼로의 삶을 만나면서 머릿속을 떠나지 않는 멕시코의 이미지가 있었다. 그녀의 멕시코는 영화 <시카리오: 암살자의 도시>에서 만난 죽음의 이미지가 아니었다. 생명력 넘치는 원색으로 가득했고, 디에고가 보여준 신화를 간직한 드넓은 곳이었다. 벽화를 지향한 디에고가 많은 이들에게 보여주고 싶은, 민중의 삶이 스민 땅. 식민지 시대를 지나 혁명기를 거쳐 다양한 문화가 혼재되어 다시 멕시코 정신을 이어 나가려는 역동적인 노력의 장이었다.

멕시코에서 태어나 멕시코 국립음악원에서 피아노와 지휘를 공부하고 줄리어드에서 석·박사 학위를 받은 사무엘 지만의 <두 대의 플루트를 위한 멕시코 환상곡>은 광활하고 생명력이 넘치는 멕시코의 모습을 잘 보여준다. 피아노의 단출한 반주에도 멕시코 특유의 리듬감이 느껴지지만, 오케스트라 반주로 들을 때면 금관 악기의 화려함이 더해지면서 멕시코의 정취를 한껏 고조시킨다. 당초 부산에서 활동하는 장예지 선생과 함께 연주할 예정이었으나 코로나로 2회 순연되는 바람에 제자와 함께 무대에 섰다. 프리다의 다사다난한 삶은 멕시코의 역동적인 역사적 사실과 맞물렸으니, 모든 이야기를 이 음악을 통해 만날 수 있기를 바란다.

# "피아졸라, 넌 뭐든지 할 수 있어"
## 자신만만하게, 피아졸라처럼

1921년에 태어나 1992년 세상을 뜬 피아졸라는 생존했을 당시도 활발한 활동을 했지만, 사후에 더 넓고 더 다양한 무대에 오르고 연주되는 음악가이다. 이제 한국에서도 그의 이름이 낯설지 않은 걸 보면 대가의 반열에 오른 게 분명하다. 독특하다면 피아졸라 자신이 이런 사실을 살아생전에 호언장담했다는 것이다. 정확히는 "내 음악은 3천 년대에도 전 세계에 울려 퍼질 것이다."라고. 도대체 이런 자신감의 원천은 어디서부터였을까?

### 탱고의 영혼: 피아졸라와 세 도시 이야기

피아졸라는 세 개의 도시를 자신의 고향으로 꼽았다. 태어난 고향 부에노스아이레스와 마음의 고향인 뉴욕과 파리가 그곳이다. 그가 태어난 곳은 아르헨티나 부에노스아이레스 남부의 마르 델 플라타이다. 항구 도시 부에노스아이레스에서 탱고는 고되고 혹독한 노동에 지친 부두 노동자들이 부둣가 술집에서 여성들과 몸을 부대끼며 하루를 위로하는 춤이었다. 피아졸라는 이런 배경을 가진 도시에서 이탈리아 이민

자의 아들로 태어났다. 그는 태어났을 때부터 양쪽 다리의 길이가 달랐다고 한다. 다리를 원활하게 사용하기 위해 병원에서 권했던 수술은 한 번으로 끝나지 않았다. 아들을 잘 키우고 싶었던 부모님은 더 이상 아이를 낳지 않았고, 이 아이를 잘 길러보기로 했다.

피아졸라가 두 번째 고향으로 꼽는 도시는 뉴욕이다. 태어난 곳은 아르헨티나였지만 피아졸라의 나이 겨우 10살, 1930년 무렵에 부모님은 아메리칸 드림을 꿈꾸며 많은 이들이 향했던 뉴욕으로 간다. 극악한 경제공황이 끝날 무렵이었을 것이다. 피아졸라는 아버지가 선물해 준 반도네온에 매력을 느껴 한창 연주하기를 즐겼으며 이때 운명처럼 탱고의 황제라고 불리던 <여인의 향기>의 원곡 가수로 유명한 카를로스 가르델을 운명처럼 만난다. 피아졸라의 연주를 눈여겨본 가르델은 자신의 악단과 함께 연주할 것을 권하지만, 피아졸라의 아버지는 아이가 어리다는 이유로 거절한다. 이후 가르델은 연주여행 중 비행기 사고로 세상을 떠났으니, 피아졸라의 아버지는 아들을 낳고 장애와 무관하게 아들을 사랑으로 키웠으며 미래의 위험에서도 구해준 셈이다. 6년이 지난 뒤 피아졸라의 가족은 다시 아르헨티나로 돌아왔다.

연주자에서 작곡가로 성장하며 클래식을 제대로 배우기 시작한 피아졸라는 놀라운 성장세를 보인다. 그리고는 국비유학생으로 유학길에 올라 음악을 공부할 기회를 잡는다. 타이타닉과 같은 큰 배를 타고 레오나르도 디카프리오가 묵었을 법한 지하의 저렴한 객실을 얻어 한 달이 걸리는 시간을 보내고 예술의 도시에 도착한다. 그가 꼽는 마음의 고향. 파리에 도착한 것이다.

"파리는 말하자면 우주의 배꼽이다.

예술적으로나 지리적으로 그렇다.

나는 아르헨티나인을 위해 매일 연주할 수도 있다.

그러나 그 기반은 너무 멀리 있어서 마라톤 여행을 하기에는 버겁다.

그러나 여기에서는 한 수도에서 콘서트를 열고 다음 날에 또 다른 수도에서 열 수 있다. 크게 힘들지도 않다. 나는 여기저기 돌아다니면서 새로운 경험을 하게 되었고, 진보에 반드시 필요한 예술적인 풍요로움을 경험한다."

- 피아졸라의 말 중

피아졸라:탱고의 영혼을 찾아서

세 곳의 고향을 꼽은 피아졸라는 스승도 세 명을 꼽는다. 피아졸라는 1936년 아르헨티나에 돌아와 본격적으로 반도네온 연주를 시작한다. 고작 17세의 나이로 고향 마르 델 플라타에서 부에노스아이레스로 혼자 상경해 음악활동을 이어간다. 그는 주어진 악보를 연주하는 것에 그치지 않고 작품을 만들기 시작한다. 독학으로 공부해서 협주곡과 독주곡을 구별하지 못함에도 당시 아르헨티나를 찾은 피아노 거장 루빈스타인에게 자신의 협주곡을 봐달라고 하자 루빈스타인이 "오케스트라 파트는 어디 있나?"라고 반문했던 일화가 재미있다(그가 작곡한 것은 협주곡이 아니라 피아노 소나타였다). 루빈스타인은 피아졸라의 피아노 파트를 연주해보고는 기초는 부족해도 재능이 있다고 판단해 작곡가 알베르토 히나스테라를 만나게 해 준다.

하나스테라는 피아졸라에게 정통 클래식 수업을 해주었다. 이 시기에 피아졸라는 바흐, 바르톡, 스트라빈스키에 빠졌고 자신의 정체성을 탱고연주자에서 클래식 작곡가로 생각했던 듯하다. 스승의 가르침이 좋았을 테고 그것을 받아들이는 피아졸라 역시 열정과 예술성이 차오를 때였는지, 실력이 출중히 발달할 수 있었고, 앞서 말한 국비로 유학을 갈 수 있는 기회를 거머쥐게 된다.

마지막 스승은 프랑스에서 만난 음악가들의 음악가 나디아 불랑제였다. 나디아 불랑제는 가브리엘 포레, 다니엘 바렌보임, 에런 코플랜드, 조지 거쉰 등 걸출한 클래식 음악가들을 가르친 선생님이다. 그녀의 탁월함은 학생의 개성을 발견하는 눈으로 여겨진다. 나디아는 피아졸라의 곡을 볼 때마다 무엇인가 결여되었다고 생각했다. 피아졸라가 생계를 위해 밤에 카페에서 탱고를 연주하고 낮에 나디아에게 레슨을 받으러 가면, 피아졸라의 음악에서 풍기는 탱고 향기를 감지했는지 피아졸라에게 이것 저것 자꾸 물었다고 한다. 탱고 음악을 부끄러워하던 피아졸라는 대답을 피하다 끝내 탱고연주자로 일하고 있음을 고백한다. 그러자 나디아는 탱고를 청하고 피아졸라가 마지못해 연주를 마치자 "바로 이게 피아졸라야!"라고 외친다.

클래식 공부를 위해 여객선 지하객실에서 한 달을 지내는 것도 마다하지 않고 먼 길을 갔던 피아졸라. 파리에서 선생님 중의 선생님 나디아를 통해 확인하는 탱고라는 정체성. 클래식 음악가로 활동하면서 열등감의 원흉이었던 탱고가 결국 벗어날 수 없는 나의 음악이라니! 피아졸라가 느낀 감정은 충격이었을까, 확신이었을까? 아마 한 가지로는 정의되지 않는 복잡한 감정이었을 것이다. 하지만 그때부터 피아졸라는 더 이상 탱고를 부끄러움의 대상으로 삼지 않기로 한다. 위대한 음악가의 정체성이 발현하는 순간이다.

피아졸라와 나: 스승에게 배운 인생의 선율

때로는 나의 부끄럽고 아팠던 부분이 자랑이 되는 순간이 온다. 나의 상처를 장점이자 개성으로 봐주는 것, 기교에 연연하지 않고 탄탄한 기초를 소홀히 하지 않으며 나의 가능성을 무한히 열어주는 것. 스승이란 이름이 부끄럽지 않게 참 스승으로 살아갔던 피아졸라의 스승들을 보면서 나 또한 세 분의 은사를 떠올려본다.

재즈 피아노에 흥미를 가져 10년을 넘게 레슨 받으면서도 연습 한 번 제대로 해가지 않은 나를 묵묵히 기다려주신 재즈 피아니스트이자 동의대학교 대학원의 연관호 선생님, 대학 휴학 중에서 무대를 보고 반해서 무턱대고 연락해 한 번 봐달라고 했던 패기를 너그럽게 받아주시며 탄탄한 기초의 중요성을 일깨워주신 플루티스트, 인제대학교 교수 오신정 교수님, 그리고 대학원에서 만나 평생의 지혜도 함께 나누어주신 플루티스트, 동아대학교 대학원 정경미 교수님이 그렇다. 배우고자 하는 호기심이 남달랐던 나는 다짜고짜 "내 실력 좀 봐주세요" 하는 제법 뻔뻔스러운 깡이 있었다. 스승님의 시간이 귀한 것을 누구보다 알았기에 그분들의 가르침을 내 것으로 만들려고 노력도 비추어 드렸다. 어떤 관계에서도 일방적인 것은 없으니 말이다. 피아졸라 인생 세 분의 스승을 만났던 것처럼 나도, 그런 면에서는 행운아다.

나의 음악적 삶에 큰 영향을 미친 세 분 외에도 떠오르는 많은 스승님이 있다. 그리고도 세계 역사에 새겨지는 수많은 현자들을 마음만 먹으면 나의 스승으로 삼을 수 있는 독서라는 방법도 있다. 스승이란 멀리 있지 않다. 우연히 좋은 스승을 만나게 될 운명도, 내 의지로 나의 스승을 내가 고를 수 있는 행운도 내가 배우고자 할 때 허락되는 것이다.

피아졸라의 첫 번째 스승이었던 알베르토 히나스테라 Alberto Ginastera의 La Danza de La Moza Donosa를 꼭 들어보시길 권한다.

피아졸라의 삶과 사랑: 세 개의 이야기

다시 '3'이라는 숫자가 떠오른다. 세 군데 고향을 가졌고 세 명의 스승을 기억하는 피아졸라에게 3은 어떤 의미일까. 그는 이른 나이에 결혼했다. 프랑스로 국비 유학을 떠날 때 이미 결혼을 해서 부인과 함께 떠났다. 일찍 부에노스아이레스로 상경해 혼자 타지 생활을 했던 그는 상당히 외로움에 취약했던 것 같다. 프랑스에서 돌아와 다시 연주여행을 다니게 되면서 그는 가족과 떨어지는 시간이 길었고 그럴 때마다, 새로운 사랑에 빠지곤 했다. 그런 피아졸라에게는 많은 여인들이 있었지만 그럼에도 불구하고 굳이 의미 있는 여인을 꼽으라면 20살에 결혼하여 아이 둘을 낳았던 부인 데데, 부인과 이혼한 뒤 (여러 여인이 있었지만) 7년간 관계를 유지했던 가수 아멜리타, 그리고 그의 마지막까지 옆에 있었던 라우라, 이 세 명이 아닐까 싶다.

도덕적 잣대를 들이대면 지탄받을 수밖에 없을 것이다. 왜냐하면 스토리 진행상 세 명이라고 했지만 피아졸라의 여인은 훨씬 많았기 때문이다. 하지만 이 음악을 들으면 피아졸라가 사랑할 때마다 진심이지 않았을까 하는 생각이 든다. 아마 분명 그랬을 것이다. 그 음악은 바로 피아졸라의 Duo I.

## 3000곡의 힘:피아졸라의 예술적 여정

앞에서도 언급했듯이, 피아졸라는 자신의 음악이 3천 년대에도 연주될 것이라고 말했는데, 그럴만한 자신감의 원천은 압도적인 작품 숫자이다. 피아졸라는 총 3000여 곡의 작품을 남겼다. 때로는 대가들의 어마어마한 작품 수를 보면서 그들의 재능이 결코 타고난 것만은 아님을 깨닫는다. 3000곡을 만들기 위해서 버려진 곡들은 얼마나 많을 것이며, 이 곡을 만들기 위해 실력을 쌓기 위해 보낸 시간은 또 얼마나 길 것인가. 3000곡이면 매일 한 곡씩 발표해도 10년에 육박하는 어마어마한 시간이니 말이다. 피카소는 그림과 조각 등 5만 점이 넘는 작품을 남겼고, 바흐는 기록으로 남아있는 작품 수만 1000여 곡, 비교적 짧은 생애를 살았던 슈베르트 역시 그 정도 곡을 남겼다. 타고난 실력도 있었겠지만, 어떤 분야에 대가가 된다는 것은 그만큼 시간을 들이고 포기하지 않았다는 방증일 것이다. 성공했기에 작품을 계속 만들어내는 것이 아니라 성공할 때까지, 아니 어쩌면 세속적인 성공을 떠나 그냥 하는 것. 내가 무엇을 좋아하고 어떤 것을 잘할 때 내가 될 수 있는지를 정확히 알았던 피아졸라였다.

계속하는 힘을 가진 그를 보면서 내가 이렇게 멈추지 말고 할 수 있는 일이 무엇인지 생각해본다. 고령화 사회로 접어든 지금, 우리가 떠나는 여정은 짧은 여행인 trip이 아니라 긴 호흡의 Voyage임을 기억하며 긴 인생, 우리가 포기하지 않고 할 수 있는 그 무언가를 찾아야 할 것이다. 피아졸라의 곡 El viafe(the voyage)를 떠올리며...

피아졸라와 아버지:무한한 가능성의 선율
피아졸라의 단 하나의 사랑을 꼽으라고 하면 누구일까.
피아졸라의 마지막을 함께 했던 라우라일 수도 있겠지만 결이 다른 사랑, 바로 아버지를 꼽을 수 있을 것이다. 장애를 가지고 태어난 피아졸라는 여러 차례의 수술을 통해 약간 나아지긴 했어도 결국 평생 다리를 절룩거리게 된다. 그런 피아졸라에게 그의 아버지가 한 말은 기억할 만하다.

"아버지는 늘 나에게 대단한 사람이 되어야 한다고 말했다. 아버지는 금지된 것을 모두 해야 한다고 말했다. 그래서 결함이 있는 외로운 사람이 아니라 앞장서서 나가는 사람이 되어야 한다고 했다. 의사들이 수영을 하지 말라고 하면 아버지는 수영을 하라고 명령했다. 달릴 수 없다는 말을 들으면 아버지는 달리라고 명령했다."

피아졸라의 아버지는 피아졸라가 무엇을 할 수 있고 할 수 없는지에 대해 결코 재단하지 않았다. 헬리콥터 맘(부모가 적재적소에 아이를 필요한 곳으로 옮겨준다는 의미)이라는 신조어가 난무하는 요즈음 대한민국 부모들이 보면 기겁할지도 모르겠다. 걷기도 힘든 아이에게 뛰라고 하다니. 따라가기도 힘들 텐데 앞장서라고 하다니... 믿어주는 만큼 성장한다고 했던가. 피아졸라와 아버지는 피아졸라가 무엇이든 할 수 있을 거라는 강한 신뢰감으로 믿어주었다. 이런 믿음이 피아졸라에게 한계 없는 성장의 밑거름이 되었다. 그에게 부모님, 특히 아버지는 낳아준 생물학적 의미 외에도 강인한 의지를 가지고 살게 해준 멘토였을 것이다. 피아졸라의 아버지는 피아졸라에게 반도네온을 선물해 주었고, 음악하는 아들을 자랑스러워하며 때로는 멀리서 편지와 통화를 통해 따뜻한 응원을 보내주는 최고의 팬이었다. 세상 모든 아버지가 그렇듯, 피아졸라에게 아버지는 존경의 대상 그 이상이었다. 아버지를 통해 피아졸라는 장애가 아무것도 아니라고 생각했고, 또 그렇게 행동했다. 탱고음악이 한낱 춤의 반주 음악에 그쳤던 것을 자기가 연주하는 반도네온을 중심으로 재편성하는 자신감. 그리고 연주 때에는 절고 있는 다리를 무대 한가운데 턱하니 올려놓는 자신감 있는 포즈까지. 내게 장애란 아무것도 아니며 이렇게 무대에서 반도네온을 연주하는 거치대가 될 수 있다고 온몸으로 보여주었던 피아졸라. 자신감의 원천은 바로 아버지였음을 그의 회고록을 읽으며 확신했다. 그런 아버지가 세상을 떠났을 때 피아졸라는 <Adios Nonino>를 일필휘지로 작곡한다. 당시 멀리 병실에 있었던 피아졸라가 울면서 썼다는 이 곡은 그의 대표곡 중 하나가 되었다.

참스는 2019년 해운대 문화회관에서 이 프로그램으로 연주를 했다. 늘 그랬던 것처럼 렉쳐와 연주를 내가 맡고 자랑스러운 5명의 팀원들과 함께했던 연주였다. 500여 석이 되는 공연장에 사람들이 제법 많이 왔던 것으로 기억한다. 하지만 무엇보다 피아졸라의 스토리와 함께 피아졸라의 곡을 원 없이 연주했던 기쁜 마음과 처음 창작곡에 도전해 짧은 탱고음악을 완성해 무대에 올리는 용기를 낸 기억이 난다. 언젠가 다시 정리하여 <월간 참스>의 곡으로 재편성할 생각이다.

<월간 참스>는 2022년부터 시작한 참스의 기획 창작곡 프로젝트로, 매월 새로운 곡을 한 곡씩 발표해왔다. 시작할 때 1년은 해봐야지 했고, 1년이 되었을 때 3년은 하자고 다시 마

음먹었다. 3000곡의 피아졸라를 떠올리며 계속하는 힘에 대해 생각한다. 3년은 눈 감고 해내고 300곡은 해보기로 마음을 굳게 먹었다.

추신 : <월간 참스> 검색을 해보신다면 의지의 결과를
확인하실 수 있을지도.

# 예술은 어디에 쓰죠?

"예술의 쓸모"
예술, 어디에 쓰죠?

### 셧다운

2020년 모든 것이 멈췄을 때. 많은 사람들이 아팠고 또 많은 이들이 죽음을 맞았다. 또 다른 사람들은 아프고 죽어가는 이들을 위해 바깥으로 나갔다. 나는 전염의 두려움을 이겨내고 아픈 사람들을 돌보는 이들의 희생정신에 감동하면서도 수시로 업데이트된 확진자 동선을 확인했다.

천성이 느긋한 편이다. 곧 괜찮아지겠지 하는 막연한 낙천적 감성을 지닌 나였다. 모두가 기억하듯이 곧 괜찮아지지 않았던 시간들. 한 달 두 달 길어지고 범위도 넓어지는 상황은 생계에 바로 영향을 미치기 시작했다. 한두 달이야 예상치 못한 휴가라 생각했지만 그 이상 길어지자 이는 생계에 직접적인 위협이 되었다.

나는 플루트 연주자이며 레스너이다. 호흡기 악기 연주와 레슨이 나의 생계 수단이다. 호흡기 질환으로 세상이 멈춘 것은 누구보다 나의 생계에 큰 문제가 생겼다는 걸 의미한다. 모든 연주가 멈추고 공연이 재개되기까지 거의 1년 넘게 걸렸고, 이후에도 공연 취소가 뜨는 일은 빈번했다. 레슨도 당연히 절반 이상 수준으로 줄었다. 입시를 앞둔 친구들이야 각자 위험을 감수하고 레슨을 했지만 취미생의 레슨은 전무했다. 게다가 코로나로 인해 유럽 각지에 나가 있던 실력자들이 한국으로 돌아오던 상황이라 레스너는 많고 학생은 줄어드는 형국이 지속되었다. 생사를 오고 가는 사람들 앞에서 배부른 투정일수도 있겠으나, 삶을 이어가는 도구가 플루트인 나 또한 생과 사를 넘나든 시절이었다.

앞으로 나는 어떻게 살아갈 수 있을까? 모든 것이 멈추었던 그 시간들 속에서 조금씩 일상으로 회복하려는 시도를 시작했다. 어느 부분은 적응하기 위한 변형을 거치기도 했다. 그

와중에도 예술계의 회복은 더디게만 느껴졌다. 차라리 다행이었을까. 쉼 없이 달려왔던 나의 삶, 나의 일, 예술에 대해 사유하고 정립할 시간이 주어졌다. 나는 왜 플루트를 연주하는가. 나는 왜 예술을 하는가. 무엇을 위해 이것을 계속해야만 하는가. 이런 질문들로 시작된 '예술의 쓸모'. 지난 역사를 더듬어 과거의 팬데믹에서 선배 예술가들의 사유를 훔쳐보기도 하고 내면을 더 깊이 직시하고자 했다.

### 팬데믹-Bach Tocatta & Fuga dmoll BWV565

바흐의 <토카타와 푸가>는 1840년 이 곡을 연주하고 출판한 멘델스존의 노력이 아니었다면 만나기 힘들었을 것이다. 그러나 나는 음악은 들어서 좋으면 그만이라는, 음악가답지 않은 생각을 가지고 있다. 그런 의미에서 바흐의 푸가는 마냥 감상하기에 좋은 음악은 아닐지도 모른다. 하늘이 무너질 것 같은 폭발적 도입부의 오르간 선율이 천둥 번개가 치는 분위기를 자아내기도 하고. 1931년 영화 <지킬 박사와 하이드>와 1934년에는 <검은 고양이>, 이후에는 디즈니 애니메이션에 드라큘라 에피소드 음악으로 사용되었다고 하니 나만 그리 들은 것은 아닌 모양이다. 음산한 드라큘라의 성과 어울리며 죽음의 기운을 가득 머금은 이 음악은 우리가 마주했던 셧다운의 충격과 견주어도 손색이 없다.

팬데믹이라는 단어는 그리스어 판데모스(pandemos)에서 유래되었다. '모두'의 의미를 가지는 'pan'과 '사람'의 의미를 가지는 'dem'이 결합된 뜻으로 '인류 공동'의 의미를 가진다. 이 단어가 라틴어 판데무스(pandemus)로 변형을 거쳐 17세기 영국에서 pandemic이라는 영어식 어휘로 자리 잡아 질병이 대유행하는 상황을 의미하는 단어로 쓰였다. 말하자면 모든 인류가 함께 같은 상황에 처한 것을 이야기한다.

세계보건기구 WHO에서 규정한 팬데믹의 정의를 보면 1단계는 동물에 한정된 감염이다. 우리가 뉴스에서 간혹 접하는 조류독감과 같은 상황을 말한다. 2단계는 동물 간 전염을 넘어 소수의 사람에게 감염되는 것이다. 3단계는 인체 감염이 발생했지만, 사람 간 접촉으로 감염되는 위험이 낮은 단계, 4단계는 사람 간 감염이 확산되는 상태, 5단계는 사람 간 감염이 널리 확산되는 상태, 6단계는 대륙 간 전염이 확산되는 상태로 2020년 코로나와 같은 상황을 말한다. WHO가 발족된 것은 1948년이다. 그럼 그 이전에 팬데믹은 없었을까?

페스트-Camille Saint-Saens <Danse macabre>

　인류 역사에서 팬데믹 상황은 생각보다 여러 번 있었다. 지금처럼 의료가 발달하지 않은 시대에 전염병은 대응할 수 없는 재앙이었다. 그중에서도 페스트는 아주 무서운 질병이었다. 흑사병으로도 일컬어지는 페스트는 코로나와 같은 호흡기 질병이다. 쥐와 벼룩이 매개가 되는 병으로 발원지는 아시아로 지목되며 1348년 크림반도에서 전투를 피해 도망온 이탈리아 무역선으로부터 유럽에 전해진 것으로 추정된다. 6년여 만에 유럽 인구의 3분의 1을 증발시켜버린 무시무시한 질병이었다. 시대적 여건으로 그 숫자를 정확히 가늠할 수는 없지만 누적 사망자 수를 7500만에서 2억 명까지도 본다고 한다. 코로나 확진 전 세계 누적 사망자가 2023년 11월 현재 690만 명인 것[1]을 고려하면 비교불가라고 할 수 있다.

　이토록 어마무시한 병 앞에서 사람들은 무엇을 할 수 있었을까? 그들이 할 수 있는 것은 사실상 그렇게 많지 않았다. 신에게 기도하고 구원을 바라지만 기도만으로 병이 낫는 게 어디 쉬운 일인가. 그러한 연유로 페스트를 이겨내기 위한 온갖 미신과 민간요법들이 횡행했다. 사람들이 모기 목숨보

---

1)　https://coronaboard.kr/

다 못하게 죽어나가자 교회 묘지에서 신들린 듯 춤을 추면 죽은 사람과 교감할 수 있다고 믿었고, 죽음의 무도(Danse macabre)는 중세 말기의 상징이 되어서 교회 벽화나 그림책에도 수시로 등장한다.

카미유 생상스(Camille Saint-Saens)가 작곡한 교향시 <죽음의 무도>는 중세로부터 한참 뒤인 1874년에 작곡이 끝나고 1875년 프랑스 파리에서 초연되었다. 그의 교향시 중에서 가장 성공적인 작품으로 꼽히기도 하는 이 곡은 우리에게는 피겨 퀸 김연아의 2008-2009년 쇼트 프로그램의 음악으로 널리 알려졌다. <죽음의 무도>는 종소리가 열두 번 울리면서 자정을 알리며 시작한다. 죽음의 신이 바이올린을 연주하는 도입부를 지나 해골과 유령들이 다 함께 신나게 춤을 추며 클라이맥스를 향해 달려간다. 그리고 수탉이 새벽을 알리면 황급히 무덤으로 돌아가며 곡이 마무리된다. 교향시로 작곡된 이 곡은 오케스트라가 연주하는 것이 원곡이다. 초반의 종소리는 하프가, 죽음의 신의 연주는 바이올린이, 그리고 춤추는 모양은 플루트가 받아 연주하고 관현이 어우러지는 형식이다.

참스가 연주할 때에는 플루트, 클라리넷, 피아노의 편곡버전을 이용하였다. 바흐의 Tocatta & Fuga dmoll BWV565가 페스트라는 팬데믹 초반의 혼란과 당황스러움을 그려냈다면, <죽음의 무도>는 죽음이 횡횡했던 무덤의 모습을 덤덤하고 유머러스하게 보여주는 느낌이었다. 생상은 어렸을 때부터 모차르트에 비견될 만큼의 천재성을 보였으나 본인의 보수적 성향으로 동시대에 함께 활동한 포레나 세자르만큼의 영향을 주지 못했다. 하지만 <죽음의 무도>만큼은 작품성으로나 대중성으로 모두 성공한 곡이었다. 중세의 팬데믹 속, 죽음의 춤을 소재로 삼은 화려한 성공의 아이러니라니. 당시 코로나 팬데믹으로 힘들어하던 많은 사람들도 있었지만 그 상황을 잘 이용해 성공 스토리가 들려오던 상황과 잘 맞아떨어졌다고 할까.

Quarantine X Miserere mei deus(Gregcrio Aliegri)
콰란틴은 코로나를 겪으며 우리가 알게 된 '격리'라는 단어이다. 이 단어의 어원은 이태리어에서 기원한다. 이태리어로 콰란틴은 40을 뜻한다. 앞서 말했던 범유행전염병이 기승을 부리자 그 시대의 영리한 사람들이 생각해 낸 비책이 바로 격리였다. 아마도 거리두기의 시초였을 것이다. 무역선을 통해서 병균이 넘어온다는 것을 경험으로 알았는지 배가 항구로

들어온 지 40일이 지날 동안 육지로 올라오지 못한 것이 그 시작이었다. 그래서 콰란틴은 격리라는 뜻도 함께 가지게 된 것이다. 바로 이때부터 팬데믹 시대의 격리와 거리두기가 시작되었다고 볼 수 있다.

이 격리는 제대로 된 치료법이나 예방법이 없어 속수무책으로 당할 수밖에 없던 페스트를 피할 수 있는 그나마 최선의 방법이었을 것이다. 오로지 기도, 신만이 자신들을 구원한다고 믿은 수많은 사람들은 너무도 쉽게 죽음으로 내몰렸다. 그 시대의 노래를 찾다가 만나게 된 'Miserere mei Deus'는 '신이여 우리를 불쌍히 여기소서'라는 뜻이다. 지금과 같은 화려한 성악곡이 아니라 교회에서 부르던 기도용 곡이라 생각할 수 있다. 과학이 미약하던 시대, 기댈 곳은 오직 신밖에 없었다고 생각하면 그 두려움은 더 컸을지도 모른다. 어쩌면 빠른 단념과 체념이 있었을지도 모른다.

『데카메론』 X Il libro dell'amore
지오반니 보카치오(Giovanni Boccaccio, 1313-1375)는 이탈리아의 시인이자 작가이다. 그의 대표작으로는 『데카메론』이 있다. 보카치오의 아버지는 부유한 상인이며 환전상이었는데, 흑사병으로 인해 죽음을 맞았다. 보카치오는 이러한 경험을 토대로, 흑사병을 피해 교외로 자가격리에 들어간 10명의 남녀가 열흘간 편지를 주고받는 이야기를 담은 『데카메론』을 창작하게 되었고, 이는 그의 대표작이 되었다.

『데카메론』은 10명의 귀족 남녀들이 10일 동안 주고받는 이야기로 구성되어 있는데 내용이 상당 부분 섹슈얼하여 한때는 금서로 지정되기도 했다. 권선징악과 로맨스와 왕에 대한 풍자와 시련 극복기 등 다양한 이야기들을 풀어쓴 것으로, 르네상스시대를 대표하는 산문작품으로 남아있다. 『데카메론』은 중세에 걸친 시기에 신이 아닌 인간에 집중한 작품으로 근대소설의 선구적 역할을 했다.

우리와 같은 팬데믹을 겪은 700여 년 전, 팬데믹을 경험한 사람들도 우리와 비슷한 상황에 처해 있었다. 많은 이들이 생을 마감했고, 살아남은 사람들은 생존을 위해 격리를 선택했다. 그 격리 속에서 그들이 선택한 것은 글을 나누며 삶을 관조하는 자세였다. 이는 고난의 시기에 인간이 어떻게 내면의 평화와 이해를 추구하려 했는지를 보여준다.

나는 무엇을 선택해야 할까? 나는 두려움 대신 삶을 선택하기로 했다. 인생은 끊임없는 선택의 연속이며 모든 것에는 양면이 있다. 팬데믹도 그러하다. 죽음의 공포와 삶에 대한 절실함이 함께 전해져 왔고 나는 한 인간이자 예술가로서 오늘의 삶에 더 집중하기로 했다. 우리는 다시 오늘을 살아내야 하고 내일은 다시 오늘이 될 것이다. 물론 지나간 과거를 떠올리며 오늘을 더 뜻깊게 살아갈 수도 있다. 보카치오가 실의와 괴로움에 빠진 사람들이 읽고 즐기며 삶의 아름다움을 찾기를 바랐듯이 나 또한 이 세상의 아름다움을 찾고 혹은 힘들고 아픈 부분을 찾아 보듬는 예술, 음악, 이야기를 만들어내야겠다는 생각이 들었다. 보카치오가 남긴 말이 나의 결심을 응원해준다.

"죽음을 피하듯 다른 사람들의 무절제한 사례들을 피하고, 여러분 각자가 몇 채씩 갖고 있는 시골 별장으로 가서 절제된 생활을 하는 것이 좋다는 거예요. 그리하여 그곳에서 이성의 경계를 넘지 않는 범위 내에서 우리가 추구할 수 있는 기쁨과 즐거움, 쾌락을 맛보자는 것이지요."[2]

보카치오의 『데카메론』을 읽으며 얻은 통찰은 내가 들려주고 싶은 음악의 바탕에 사람이 있다는 것이다. 『데카메론』 속 인물들은 혼자 기쁨과 즐거움을 누리지 않았다. 그들은 서로

..................................
2)  첫번째 날, <데카메론1> 조반니 보카치오, 박상진 옮김, 민음사

이야기를 나누고 공유할 수 있는 옆의 사람들과 함께했다. 나 혼자서도 기쁨과 즐거움을 누릴 수 있지만, 가족·친구·동료·지인들이 내 곁에 있어 함께할 때 더 큰 기쁨과 즐거움을 느낄 수 있는 이유다.

ll libro dell'amore(사랑에 관한 책)은 이탈리아 가수 주케로(Zucchero)가 부른 곡이다. zuccehro는 이태리어로 설탕을 뜻한다는데 음악을 들어보면 이름에 맞게 정말 달달한 곡이 아닌가 싶다. 가사도 무척 좋아서 사랑에 관한 책『데카메론』과도 잘 어울린다. 물론 세상 모든 책에는 저마다의 사랑이 담겨 있다고 할 수 있다.

까뮈의 『페스트』 X

코로나 상황이 지속되면서 다시 화두에 오른 카뮈의 소설 『페스트』는 마치 우리의 코로나 시대를 예견한 듯, 죽음의 병을 마주한 사람들의 좌절감, 분노, 절망을 생생히 묘사한다. 시간이 지나면서 사람들은 상황에 체념하고 적응해 나간다. 지금의 우리와 다르지 않다. 시대를 건너고 공간을 넘어서도 인간의 본성은 크게 변하지 않는 것 같다. 그렇기에 시공간을 넘어 우리에게 남겨진 '고전'이라는 작품들이 더욱 의미 있는 것이 아닐까.

1913년에 태어난 카뮈는 어린 시절 아버지를 제1차 대전으로 잃는다. 그로 인해 가난에 시달리며 살았고 우수한 성적을 가지고도 (결핵이라는 병 앞에서) 진학을 포기해야만 했다. 하지만 그는 자동차 수리공, 신문사 인턴기자, 가정교사 같은 다양한 직업을 전전하면서도 철학박사 학위를 땄고, 허무주의가 팽배하던 시절 실존주의를 표방하며 작품에서 인간에 대한 애정을 보여준다.

프랑스령 알제리의 북부 해안도시 오랑(Oran)에서 페스트가 발병한다. 오랑은 외부와 격리된 상태에서 시민들은 생존과 죽음 사이에서 고뇌한다. 매일 수십, 수백 명이 목숨을 잃는 상황에서, 주인공인 의사 베르나르 리외는 이 끔찍한 상황 속에서 인간의 욕망과 삶의 본질을 관찰한다. 부인을 요양원에 보내고 혼자 남게 된 리외는 페스트라는 질병을 통해 다양한 인간의 생각과 행동을 체험한다. 어떤 사람들은 병으로 인해 힘없이 죽어가고, 어떤 사람들은 그런 죽음을 막기 위해 헌신하며 싸운다. 누군가는 혼자라도 살고 싶어 마을을 탈출하려 하고, 또 다른 사람은 그들을 감금하기도 한다. 그러나 결국 사람들을 살게 한 것은 공공의 조직된 힘이나 어느 부서의 강력한 지원이 아니었다. 결국 그들을 살게 한 것은 사랑과 예술의 힘이었다.

오르페오와 에우리디체 X 정령들의 춤

『페스트』에 등장하는 글룩의 오페라 <오르페오와 에우리디체>. 카뮈는 왜 이 오페라를 골랐을까. 사랑하는 부인이 죽었음에도 그냥 보내지 못해 지옥까지 그녀를 찾으러 가는 그것. 그것이 사랑이 아니고 무엇일까. 사랑의 신 아모르를 감동케한 오르페오는 지하세계의 지배자 플루토를 만나 에우리디체를 데려오지만, 그녀의 끝없는 질문과 오르페오를 의심하는 너무도 인간스러운 상황 때문에 다시금 에우리디체를 잃게된다. 하지만 결국 그의 사랑의 힘이 만드는 해피엔딩은 『페스트』와 다름없다.

예술은 바로 이렇게 기능한다. 인간을 관찰하고 보여주며, 다양한 표현을 통해 나와 다른 인간을 인정하도록 돕는다. 때로는 공감을 통해 더 큰 결속감을 느끼게 하고 위로를 건네기도 한다. 카뮈의 『페스트』를 통해 코로나 상황을 더 잘 이해할수 있었고, 각자도생이라는 말이 당연할 정도로 힘든 상황에서도 우리가 놓지 말아야 할 사랑을 기억할 수 있었다. 예술은 인간을 다른 동물과 구분 짓는 중요한 요소임을 깨닫게 한다. 내가 위험에 처할 수 있음에도 그 위험을 감수하게 하고, 때로는 아름답게, 때로는 너무나 사실적으로 아프게 그려서 보여준다. 내가 얻는 것이 없다 하더라도 그렇게 하지 않을 수 없게 하는 것. 인간이 인간이라는 이유를 때로는 아름답게, 때로는 너무나 사실적으로 아프고 쓰리게 그려서 보여주는 것. 그것이 바로 예술이다. 카뮈는 글로, 글룩은 이야기와 음악으로 이를 보여주었다.

나는 보카치오의 『데카메론』에 기대어 오늘을 살기를 선택했다. 카뮈의 『페스트』로 오늘을 사는 것에 사랑을 더했다. 음악인이라는 것을 감사하게 만들었던 수많은 순간들. 연주하면서 느낀 감동과 공감으로 배가되었던 순간들, 학생들을 가르치며 함께했던 성장의 기쁨을 떠올리며 지금 이 순간 내가 할 수 있는 예술을 하기로 결심한다. 연주와 레슨이 예전만큼 없던 시절, 때때로 마음속에 넘치는 선율을 더 적극적으로 기록하기로 했다.

## "당신과 나의 이야기 그리고 음악"
### 온라인 음악회 단상

2020년 2월, 부산문화재단의 지원사업으로 공연이 잡혀있었다. 장소는 동래문화회관 대극장이었다. 공연을 목전에 두고 코로나가 터졌다. 불안한 예감은 현실이 되었다. 대면공연 대신 온라인 공연으로 변경하라는 권고를 받은 것이다. 주어진 상황에 맞도록 기획하는 게 당연한 일이지만, 솔직히 말해 온라인 송출 음악회에 대해 반신반의 했다. 당시 모든 예술인이 나와 같은 생각이었을 것이다. 모네가 같은 성당을 두 달여 지켜보며 빛의 각도에 따라 달라지는 25개의 <루앙 성당> 연작을 그렸듯, 같은 음악이라도 공연장의 공기와 분위기와 청중의 반응에 따라 달라지는 것이 라이브의 묘미이다. 모네에게 빛이 작품을 다르게 보이는 요소였다면 내가 생각하는 연주의 빛은 관객이었다. 그러나 빛이 없는 환경에서 작품을 그리라면, 어떻게 표현해야 할까?

내 공연의 경우, 음악적 식견이 높은 관객일 때에는 집중력을 발휘해 작은 테크닉과 호흡에도 주의하게 되고, 열정 많고 즉각적으로 호응하는 관객이라면 대화를 시도하거나 앙코르 요청을 받아 (준비된 곡 외에) 즉석에서 선곡의 기회도 준다.

드물지만, 음악을 이해하는 주파수가 안 맞아 소통의 부재를 느끼면 건조한 연주로 마무리하기도 한다.

이런 나에게 온라인 공연은 빛없는 암실에서 한석봉 어미의 마음으로 떡을 썰어야 하는 부담감으로 다가왔다. 관객 반응에 맞춰 연주의 완급을 조절할 수 없다면 어디에 초점을 맞추어야 할까. 그러다 찾은 소통 창구는 실시간 채팅이었다. 온라인 연주를 송출하게 되면 채팅창이 생성된다. 관객 앞에서의 연주가 공연장 공기와 표정과 박수의 온도 같은 무언의 소통을 위해 더듬이를 세워야 한다면, 라이브채팅은 보다 실시간으로 관객들과 대화를 나눌 수 있다는 장점이 있다.

공연은 시와 함께하는 연주 형태로 기획을 했고, 정신장애인 치유프로그램을 운영해온 문화공간 <빈빈>의 김종희 선생과 함께하기로 했다. 김종희 선생은 수년에 걸쳐 빨갛고 따갑고 아물지 않아 곪을 것 같은 내면의 상처를 직시하고 그 상처를 글을 쓰고 다독이며 치유하는 프로그램을 운영해왔다. 김종희 선생님을 통해 만난 작가들은 매우 다양했다. 처음에는 시에 대해 잘 알지 못하던 사람들부터 전문 시인까지 포함되어 있었다. 나는 연주의 기획 의도를 설명하고 각 작가에게 작품을 의뢰했다. 이 과정에서 투박하지만 솔직하게 자신의 내면을 담은 시부터 전문 시인의 섬세한 작품까지 다양한 종류의 시를 만나게 되었다. 그리고 다음 단계는 시와 음악이 조화롭게 어우러지는 곡을 찾아 연결하는 것이었다. 그 결과, 시와 음악이 서로를 보완하며 의미 있는 작품으로 완성되었다.

당초 기획은 동래문화회관 대극장 무대에서 시를 낭독하고 시인들과의 인사 및 간단한 인터뷰를 통해 시에 대한 이야기를 듣고자 했다. 이 과정을 통해 시의 전문성을 부각시키고, 관객들에게 시와 관련된 다양한 인사이트를 제공하고자 했다. 그 후에는 자연스럽게 음악 이야기로 이어지며, 시와 음악이 조화를 이루는 공연을 상상했다. 이를 통해 공연은 시와 연주가 어우러져서 관객들에게 감동을 선사하는 형태로 구상되었다.

온라인으로 형태가 바뀜에 따라 장소도 <스페이스 움UM>으로 변경되었다. 기술적으로 문제는 없었다. 프로젝트는 바로 화면으로 송출되고, 온라인으로도 다양한 화면구성을 선보일 수 있다고 했다. 중요한 건 진행이었다. 진행은 김종희 선생을 중심으로 낭독자를 한 명 섭외했고 연주자 중에서 한 명을 패널로 참가시켰다.

시를 읽고 이야기를 나누고 채팅으로 소통하기 시작했다. 채팅에 참여한 다양한 분들의 응원과 피드백이 재미있어지기 시작했다. 그 날 진행자가 입었던 의상에 대한 언급부터 시어들에 대한 담화, 연주곡에 대한 피드백까지 실시간으로 이루어졌기에 신선하고도 재치 있는 의견들이 넘쳐났다. 아! 이래서 사람들이 온라인 채팅이나 라이브를 즐기고 좋아하는구나. 이전까지 몰랐던 라이브 채널에 대한 이해가 싹텄다.

일본의 스미노 하야토는 129만의 구독자를 보유한 유튜버이다. 100만 유튜버가 흔한 시대라고 하지만 그의 컨텐츠가 피아노 음악이라는 것을 생각하면 흔치 않은 구독자수이다. 음악가 입장에서 부러운 숫자가 아닐 수 없다. 스미노는 도쿄대학교 공대 출신이라는 특이한 이력의 소유자다. 수년 전까지도 피아노를 좋아하는 명문대생이라는 타이틀을 가지고 있던 그는 2021년 쇼팽 국제콩쿠르(2015년 우승자가 조성진이다)의 세미 파이널리스트가 되면서 음악으로 완전히 전향했다고 한다. 비전공자 출신의 쇼팽 콩쿠르 세미 파이널리스트라니. 3~4살부터 시작해 평생을 피아노와 함께 해도 오르기 힘든 자리를 정보과학기술을 전공한 공대생이 좋아해서 즐기는 마음으로 해낸 것이다. 이제는 좋아하는 것이 직업이 되어 연주활동을 즐기고 있으며 2022년 서울, 인천, 부산 공연을 전석 매진시키는 인기를 보였다. 수많은 음악가들의 공연이 열리고 있지만 전석은커녕 반석도 힘든 경우가 허다한 것을 생각하면, 게다가 앞서 내 공연 <가을 편지 autumn singer>를 떠올리면 부러울 따름이다. 그의 인기 비결은 어디에 있을까?

스미노 하야토는 게임음악과 클래식을 자기 편곡으로 연주하여 올린다. 다양한 장르의 음악가들과 거리낌 없이 콜라보(협업)하거나 자신이 작곡한 곡들을 깔끔한 영상으로 만들어 올리기도 한다. 댓글이 만 개가 넘는 게시물도 있으니 스미노와 그의 음악이 얼마나 사람들과 소통하며 열려 있는지 알 수 있는 대목이다. 스미노는 댓글과 피드백을 자양분 삼아 연주, 편곡, 작곡하며 활동해 왔던 것이다. 의무감도 아니고 좋아하는 그 마음 하나로 청중과의 교감을 더욱 깊게 했다.

사람들이 좋아하는 화가를 꼽을 때 빠지지 않는 인물. <별이 빛나는 밤>으로 유명한 빈센트 반 고흐이다. 『파리 미술관, 역사로 걷다』 이동섭 작가에 의하면 그는 미술사에서 그렇게 중요한 위치를 차지하는 화가가 아니다. 그럼에도 불구하고 고흐의 그림이 많은 이들이 사랑하는 작품으로 늘 꼽히는 이유는 바로 그가 잘하는 것을 계속하려고 하기보다 좋아하는 것을 잘하려고 했기 때문이다. 고흐는 좋아하는 그림을 잘할 때까지 그리고 또 그리고 그렸다. 가난한 사람들과 공감하고 아픈 사람들을 보듬고 싶은 마음을 결코 팔리지 않을 것 같은 그림으로 표현했다. 분야도 시대도 스토리도 많이 다르지만 스미노와 고흐의 공통점은 좋아하는 것을 꾸준히 했다는 데 있다. 스미노에게는 그것을 보여줄 무대가 다소 넓었고 고흐는 그렇지 못했다는 차이가 있을 뿐이다. 만약 고흐가 조금만 더 버틸 수 있었다면 분명 고흐에게도 스미노의 전석매진과 같은 시간이 있었으리라.

바야흐로 온라인에서 찾지 못하는 것은 없는 시대가 되었다. 모든 분야의 콘텐츠가 모여 있는 정보의 용광로가 되어가는 것 같다. 더 많은 가짜뉴스와 거짓된 정보에 무방비로 노출되는 현실. 그럼에도 불구하고 오늘날 이 매체 없이 산다는 건 상상할 수도 없다. 두말할 나위 없이 코로나는 온라인 플랫폼의 비중과 중요도를 더욱 높였고 활용 시기도 앞당겼다. 이 환경을 잘 활용한다면 누구라도 자신에게 필요한 길을 찾을 수 있을 거라는 생각에 이르렀다. 음악이라고 다를 게 없었다. 마침내 '연주는 라이브지!'라는 굳은 고집을 버리기로 했다.

문화회관에서 예정된 공연이 온라인 송출 콘서트로 바뀌면서 잠시나마 품은 선입견은, 내가 기존 클래식 공연에서 느낀 갑갑함과 같은 것이었다. 어느새 나도 모르게 사고가 딱딱해지고 있었나 보다. 에릭 홉스봄의 『만들어진 전통』을 처음 읽고 느꼈던 전율이 떠오른다. 세상에 원래부터 그랬던 것은 없다.

내가 좋아하는 것을 꾸준히 할 용기를 가지고, 내가 좋아하는 것을 함께 좋아할 관객을 찾아가는 곳은 문화회관이어도 좋고 온라인이어도 좋다. 한동안 유행처럼 번지다 어느새 고유명사가 되어버린 찾아가는 음악회를 생각해보자. 번듯한 공연장에서만 하는 것이 음악회가 아니라 관객이 있는 곳 어디라도 가서 공감의 음악을 선사하면 그곳이 바로 음악회장이다. 찾아가는 곳이 온라인이면 바로 온라인 콘서트인 것이다.

어디에나 문은 있었다. 용기를 내어 그 문을 열어 빛을 맞이할 것인지, 선택은 언제나 나의 몫이다.

## "Sing Together with Charms"
### 우리가 함께 노래하는 것의 의미

창작곡의 필요성을 절실히 느끼던 때였다. 수백 년 동안 이어오며 고유의 아름다움을 간직한 명작들이 있지만, 이제는 클릭 몇 번으로 비르투오소의 명연주를 들을 수 있는 시대가 되었다. 단순한 재현으로는 Charms만의 개성을 보여주기 어렵다는 판단이 섰다. 명색이 이름이 Charms(영어 'Charm'의 매력적이라는 의미와 한국어 '참'의 진실되다는 의미를 담은 중의적 명칭)인데, 언제까지나 매력 없이 단조로운 연주를 할 수는 없었다. 그렇다면 우리가 보여줄 수 있는 남다른 연주는 무엇일까? 여러 해 동안 고민하며 얻은 해답 중 하나는 스토리가 있는 렉처 콘서트(Lecture Concert)와 창작곡이었다. 코로나로 인해 온라인 생태계가 빠르게 발전하며, Charms에게도 창작곡을 레퍼토리에 추가하는 시도를 앞당기는 계기가 되었다.

오프라인 연주가 사라진 시대. 생동감 넘치는 무대들이 모두 숨을 멈췄다. 그 무대에 오르던 연주자들은 모두 어디로 갔을까. 각자의 고민을 떠안고 잠시 숨을 고르던 그들 중 하나였던 우리는 생활을 위해 레슨도 하고 강의도 하며 지내고 있었다. 그러나 연주에 대한 갈증은 좀처럼 수그러들지 않았다. 비단 무대가 아니라도 연주활동을 이어갈 수 있는 다양한 방안을 고민했다. 오랫동안 품었던 생각 즉 창작곡을 내세운 기획안을 만들었고, 부산문화재단의 지원사업에 선정되면서 앨범을 빠르게 현실화할 수 있었다. 앞서 <당신과 나의 이야기, 그리고 음악>에서 만났던 시인들과 다시 한번 호흡 맞출 기회를 얻은 것이다. 그들의 이야기를 어느 정도 이해하고 있었기에 가능한 도전이었다. 그들과 오랜 시간 호흡을 맞추며 위로하고 그들을 창작의 세계로 이끌던 김종희 선생도 함께여서 든든했다.

창작곡을 하겠다고 호기롭게 덤볐으나 창작이 어디 말처럼 뚝딱하고 쉽게 나오는 일이던가. 나의 경우에 비추어 보면 창작을 위해서 필요한 재료는 읽고 듣기이다. 수십 권의 책을 읽고 수없이 많은 곡을 들어도 한 올의 영감이 생기는 게 고작이다. 그런 영감을 받을 수 있게 되더라도 그 영감은 음식에 비유하자면 날 것의 재료와도 같다. 좋은 재료(영감)가 있다면 좋은 음식이 될 확률이 높겠지만 간혹 어설픈 조리법으로 망치는 경우도 있다. 그러니까 영감을 받아서 그것을 잘 요리하는 조리법이란, 글로 치면 작법이고 음악을 만든다면 작곡법이라 할 수 있다. 당연히 경험이 많으면 많을수록 원숙한 기술을 사용할 수 있을 테니 다양한 장르의 음식, 즉 풍성하고 아름다운 글과 음악을 만들 수 있을 것이다. 중요한 것은 어느하나에 치우치지 않는 균형이다. 재료에 해당하는 영감, 영감을 잘 다듬어서 보여줄 수 있는 기술, 그리고 그것을 소비하는 대중의 기호까지 고루 담아야 한다.

내게 주어진 영감은 시였다. 시를 읽으며 이미지를 떠올려본다. 머릿속에 떠오르는 그림이랄까 영상이랄까. 흘러가는 이미지에 멜로디를 얹어보았다. 십여 년 동안 재즈피아노를 배우던 시절을 떠올렸다. 연습은 뒷전인 채 이론 공부를 수없이 반복하며 레슨과 연습 어느 사이를 헤매며 쌓은 시간 덕분에, 조악한 칼질에 양념 같은 화성학을 사용하여 마디를 채웠다. 내 역할은 여기까지였다. 영감을 다듬어 1차로 손질을 하는 보조주방장. 나머진 능숙한 솜씨의 클래식 작곡가가 연주자를 위한 전문 악보로 편곡해주면 될 일이었다.

창작에 큰 의미를 둔 이유는 두 가지였다. 하나는, 참스만의 음악을 위해서 우리 팀원이 만든 곡이라야 의미 있다는 생각이었고, 정말 중요한 다른 하나는, 앞선 명분을 만들어낼 수밖에 없는 현실 때문이었다. 작곡까지 남의 손에 맡기면 비용을 감당할 수 없었던 것. 어쩔 수 없는 현실의 벽은 없는 영감까지 쥐어짜 내게 해준 고마운 역할을 했다. 누가 그랬다. 영감의 원천은 데드라인이라고. 깊이 공감하는 이 말에 추가하자면 영감의 원천은 돈이기도 하다는 것. 거칠게 말해 창작하면 더 많은 돈을 준다는 것보다 더 무서운 창작하지 않으면 돈이 엄청 든다. 비루한 현실이 못내 서글펐지만, 그때의 경험은 연이어 두 번의 앨범을 더 낼 동력이 돼주었고, <월간 참스>라는 깜냥 넘치는 일을 기획할 바탕이 되었다.

첫 앨범은 5명의 시인이 참여했다. 나는 두 곡에 곡을 붙였고 1곡은 진승민 피아니스트, 다른 두 곡은 김종완 작곡가가 붙여 완성했다. 그들의 노트에서 걸어 나와 완성된 곡은 온라인 음원으로 등록되었다. 대놓고 드러내기 부끄러울 정도의 초기 창작곡이지만, 당시에는 시인들의 마음을 이해하기 위해 여러 차례 미팅도 하고 노래도 들려드리면서 진심을 다해 완성시킨 소중한 자식들이다. 시인들이 한 자 한 자 써내려간 그 마음과 교집합을 이루었을까. 부디 조금이라도 그랬기를 바라며 Sing Together with Charms!!

상처를 노래하면 위로가 된다

첫 번째 앨범 <싱 투게더 위드 참스>에 대한 반응은 예상보다 좋았다. 연작 형식으로 기획안을 내자 다시 지원을 받게 되었다. 앨범 타이틀은 그들이 스스로를 위로하며 쓴 글을 노래로 만드는 것에 착안하여 <상처를 노래하니 위로가 되었다>로 지었다.

등단한 시인 지미루. 시인이 어떻게 정신질환을 앓게 되고 일상생활이 힘들어졌는지에 대해 깊이 물은 적은 없다. 하지만 그의 시는 그가 끊임없이 아파하고 고뇌하고 있음을 보여주었다. 그에게 기획안의 제목인 <상처를 노래하니 위로가 되었다>를 주며 어떤 시어로 노래하고 싶으냐고 물었다. 그는 상처를 노래하겠다고 했다.

<상처>

지미루 작시 김혜정 작곡

파도의 골짜기 부르던 노래

지금은 바위가 되어버렸네

고요한 기다림 무슨 의밀까

부르지 못하는 허공의 노래

메아리가 들려오는

추억의 상처 외로움

애타는 그리움만 남아 내 곁을 지켜 준다

아침의 이슬에 사라져 가네

멈춰선 울림들 차마 그칠 수가 없네

기억은 떠올라 멈출 수 없고

바닷가 아련히 넘치는 영상

수평선 저 멀리 보이는 연가

이제나 벗어나 가고픈 마음

어쩌나 어쩌나 행복의 바다에

노저어 띄우던 우리 이야기가 온다

다가가 다가가 파도의 골짜기

바위가 되버린 굳어버린 추억의 상처

기획안의 제목 그대로 상처를 노래한 지미루 시인의 시. 몇 번 작업을 하다 깨달은 것은 좋은 시에는 좋은 멜로디가 따라온다는 것. 뒤에서 이야기할 고두현 시인과의 작업도 그랬다(상처도 비슷했다). 오래 깊이 고민하지 않아도 멜로디가 떠오른다. 물론 그것을 다듬어주는 전문 요리사, 아니 전문 작곡가의 편곡 덕분에 가능한 일이었다. 좋은 선율을 얻기 위한 좋은 영감(재료)의 원천은 좋은 시였다. 창작곡을 만드는 내내 시대를 초월한 좋은 글과 영화와 음악이 가진 힘을 절감했고, 시대를 풍미한 명작을 더 열심히 곱씹어보고 세기를 넘어온 고전을 돌아보리라 다짐했다.

  망망대해의 공허함을 표현하기 위해 타악기 선생님에게 적절한 표현을 요청했고 마이너 키를 잡고 담담히 노래해 줄 것을 부탁했다. 촉박한 시간 탓에 원하는 색깔로 녹음이 되질 않아 아쉬운 부분도 있지만, 시가 보여주고자 했던, 가고 싶어도 갈 수 없는, 멈추고 싶어도 멈출 수 없는 기억과 영상들이, 사는 내내 상처가 되는 마음이, 선율에서도 느껴지기를 바랐다.
  앨범 소개말을 남기며 두 개의 앨범을 내리 창작했던 열정 넘치던 그 해를 기억해본다.

- 앨범을 만들며 -


상처가 없는 사람이 있나요?

깊은 고민을 하지 않아도 되는 질문입니다.

누구나 저마다 크고 작은 상처를 가지고 있습니다.

그 상처를 견뎌내는 힘도 제각각입니다.

누군가는 커다란 상처에도 흔들림이 없을 수도 있고

누군가는 작은 상처에도 바람에 이는 낙엽처럼

힘겨울 수 있습니다.

그것은 틀린 것이 아니라 다른 것이라는 것.

이제는 많은 사람들이 잘 알고 있는 틀림과 다름.

확연히 다른 것입니다.

누구나에게 있는 상처를 우리는 서로 위로해가며

약도 발라가며 치료하며 살아갑니다.

그것이 흉터 없이 깨끗하게 아물기도 하고

때로는 평생 남는 생채기가 되기도 하는 것 같습니다.

참스는 누구나에게 있는 상처에 '음악'이라는

연고를 만들어 보고 싶었습니다.

시를 써보기도 하고 나아가 가사를 써 보기도 하면서

서로의 상처를 꺼내서 예술의 양지를 내리쬐었습니다.

그 상처들에 이 연고가 얼마나 효과가 있을지는

가늠할 수는 없어도 분명히 한 줌의 위로는 되었으리라

감히 생각해 봅니다.

함께 하며 한 마디 더 나누고 한 번 더 웃고 한 번 더 써보며

우리는 이렇게 예술로 음악으로 서로를 위로해 주었습니다.

정신장애인이라는 자칫하면 보이지 않는 울타리에

갇혀있을 수밖에 없었던 그들의 시와 글이 음악으로,

자유롭게 유영하는 모습을 보며 깊은 보람을 느낍니다.

그리고 이것이 이들의 활동으로 끝나는 것이 아니라

영원히 불려질, 시로 노래로, 음악으로 남았으며

이것이 또 다른 누구의 상처를 낫게 해주는 마르지 않는

연고가 되기를 바랍니다.


- 김혜정 드림

## "프리젠트"
## 당신의 오늘이 바로 선물입니다

두 개의 앨범을 연이어 작업했다. 첫 번째 앨범에서는 2곡, 두 번째 앨범에서는 5곡을 작곡했고 시인들의 시를 다듬고 엮어서 한 권의 소책자도 발간했다. 부지런히 달렸으나 조금 허전했다. 아마도 음악 아닌, 시가 먼저였기에 그랬을까. 물론 시는 너무나 좋았다. 전문 시인들에 비해 투박할진 몰라도 아이같이 맑은 그들의 영혼이 시어에 담겨 있어 두 번의 앨범작업 내내 힘들거나 지치지 않았다. 그럼에도 느낀 아쉬움은 아마도 내가 음악가이기 때문이었을 터. 좋은 시가 좋은 영감을 주는 건 물론이지만, 오롯이 음악으로 표현하고 싶은 소망이 있었다.

그럼 어떤 음악을 하면 좋을까? 라는 질문에 답이 바로 <Present> 앨범이었다. 인물에게서 영감을 잘 받는 나에게 늘 좋은 영감의 대상인 강범규 대표를 떠올렸다. 그를 생각하면 가장 먼저 떠오르는 장소, 바로 <프리젠트 Present>이다. 프리젠트는 디자인 기업 프리젠트의 사옥이자 북카페이기도 하다. 처음 공간을 접했을 때의 맑고 깨끗한 이미지, 그러면서도 디테일 하나하나가 살아있는 것에 굉장한 청량감을 느꼈다. 그곳에 늘 있는 책, 디자인, 커피. 여기에 강 대표에게서 받은 영감과 프리젠트의 이야기까지 두루 앨범에 녹이고 싶었다. 두 장의 앨범을 발매하면서 살짝 달궈진 엔진 같은 창작열도 한몫했다.

## Present, 선물(Present)은 바로 지금(Present)

사무공간이자 북카페 프리젠트는 스펜서 존슨의 책 『프리젠트』에서 영감을 얻어서 지은 이름이다. 우리나라에선 『선물』로 번역된 책인데 여기에 등장하는 소년과 지혜로운 노인이 과거, 현재, 미래에 대한 이야기를 나눈다. 우리는 괴롭고 아팠던 과거에 매여 앞으로 나아가지 못하거나, 걱정으로 매일 또 매시간을 허비하는 것보다 더 어리석은 일은 없다는 사실을 알면서도 걱정을 멈추지 못할 때가 많다. 배움을 얻지 못한 과거는 짐만 될 뿐이라는 것, 과거를 배움의 동력으로 삼아 지금, 바로, 이 순간을 살아내는 것이 다가올 미래를 맞이하는 가장 큰 계획이 될 수 있다는 것을 기억하라는 메시지가 심플하면서도 강력하다. 성공이란 내가 어떤 사람이 될 수 있는지를 자각하고 그것을 향해 지금을 살아갈 때 이룰 수 있는 것. 성공은 정형화 된 것이 아니며 사람마다 성공 가치가 다르다.

때문에 그 정의를 스스로 내리는 것부터 시작해야 한다. 강범규 대표는 자기회사 제품을 사용하거나 북카페를 방문하는 사람들을 웃게 하는 것, 시간과 공간을 선물하고 싶은 마음을 <프리젠트>로 표현했던 것이다.

새 앨범 <Present>는 '바로 지금, 여기가 선물'이라는 이미지를 담고자 했다. 통창을 통해 비치는 맑은 햇살의 하얀 색. 프리젠트의 이미지와 푸르게 조화를 이룬 식물들도 담겼으면 했다. 가벼운 발걸음으로 오늘을 시작할 때 긍정적인 하루를 떠올리며 어떤 선물이 나에게 다가올지 설레는 마음. 하지만 너무 들뜨거나 서둘지는 말자고. 쿵짝짝 쿵짝짝, 서로의 호흡으로 추는 왈츠처럼 지금(Present)과 선물(Present)이 만나는 Present를 꿈꿨다. 전체적인 콘셉트는 심플한 디자인 미학을 실천하고 있는 프리젠트의 이미지를 담았고, 복잡한 구성도, 무거운 화성도 배제했다. 최대한 심플하면서도 멜로디는 기억하기 쉽게 만들고자 노력했다.

Book

첫 만남이 사진집 『BUSAN』으로 시작된 이후, 책으로 계속 이어지는 인연이 참 신기하다. 강범규, 이보배 대표와 일 년에 몇 차례 만나 식사를 하며 인사이트를 나누고 있는데, 나는 이 단체 대화방을 '사람선물'이라고 이름 지었다. 만날 때마다 책을 주고받는 것이 익숙해져서, 영감을 받은 좋은 책을 발견하면 서로 선물하는 것이 습관이 되었다. 게다가 <프리젠트>는 북카페였다. 책을 사랑하는 사람이 만든 책으로 가득한 공간에서, 책으로 시작된 인연이 책으로 이어지는 인연을 곡에 담고 싶었다.

"인간이 만든 책보다 책이 만든 인간이 많다"고 했던가. 책에서 만날 수 있는 수많은 이야기들에 가슴 설레기도 하고, 수많은 저자들을 시간에 구애받지 않고 내 마음대로 만날 수 있는 이 신기한 물건이 가진 신비감을 음악에 담고 싶었다. 상승하는 멜로디를 피아노, 클라리넷, 플루트가 주고받으며, 나중에는 합주로 이어지는 구성은 다양한 책들이 서로 영향을 주고받으며 한 사람을 완성해가는 것과 닮아있지 않을까 생각했다.

Coffee
"평소 가장 즐겨 마시는 음료는 무엇입니까."
한국 소비자들에게 이런 질문을 건넨 결과 가장 많은 표를 얻은 음료는 단연 커피였다. 한국농촌경제연구원이 2022년 말 펴낸 '2021 식품 소비 행태 조사'에서 커피는 과일 주스·콜라·녹차 등 쟁쟁한 경쟁자들을 제치고 한국인의 최애 음료인 것으로 나타났다. 응답자 10명 중 3명이 커피를 선택한 예다. 한국인의 커피 사랑이 유별나다는 것을 엿볼 수 있는 대목이다.

한국은 세계 최대 규모의 커피 시장으로 등극한 지 오래됐다. 앞선 2018년 유러모니터는 한국 커피 전문점 시장 규모(주요 업체 매출액 기준)가 약 43억 달러에 달한다고 집계하기도 했다. 미국(261억 달러)과 중국(51억 달러)에 이은 세계 3위였다.

대한민국은 전 세계 3위의 커피 소비국이 되었다. 이 검은 음료가 부리는 마법이 무엇이기에 이토록 많은 사람들의 마음을 사로잡았는지는 모르겠다. 하지만 나의 경우를 보더라도 초등학생 때부터 남들 다 먹는 바나나 우유가 아닌 유난히 커피우유를 좋아했다. 성인이 되어 일할 때 마시는 커피 한 잔, 아니 서너 잔은 집중력을 도와주기도 하고 때로는 우유를 얹거나 다양한 배합을 통해 입을 즐겁게 해주는 역할까지 하니 좋아할 수밖에 없는 음료인 것은 확실하다. 『걸리버 여행기』작가 조나단 스위프트는 "커피는 우리를 진지하고 엄숙하고 철학적으로 만든다."고 했고 프랑스 정치가 탈레랑의 "커피는 악마같이 검지만 천사같이 순수하고 지옥같이 뜨겁고 키스처럼 달콤하다."는 이야기는 유명 커피광고의 카피로 쓰이기도 했다.

음악가들의 커피 사랑은 특별하고 유명하다. 베토벤은 60 알의 원두를 일일이 세어 신선한 커피를 내려 마셨다고 한다. 이 정도의 양은 10g 정도가 되는 네 입문자가 120ml에 물에 타 마시기 적정한 양이라고 한다. 아마도 음악뿐 아니라 매사에 완벽함을 추구했던 베토벤의 성향을 엿볼 수 있는 일화가 아닌가 싶다.

1700년대 초반 아라비아에서 유럽으로 전해진 커피는 곧 열풍을 일으켰다. 이로 인해 의사들은 커피에 대한 여러 가지 괴담을 쏟아냈다. 얼굴이 검게 변한다든지, 불임의 원인이 된다든지 하는 이야기가 있었지만, 커피의 인기가 쉽게 사그라들지는 않았다. 오히려 바흐는 커피에 대한 애정을 칸타타 BWV211로 표현했다. 1734년에 시작하여 1739년에 완성된 이 칸타타는 커피를 너무 좋아하는 딸과 이를 말리는 아버지가 주인공이다. 바흐가 연주 활동과 교류를 했던 치머만 카페에서 초연된 이 작품의 원제는 <Schweigt stille, plaudert nicht: 조용히 하세요, 떠들지 말고>이지만, 커피 에피소드가 주요 내용이라 '커피 칸타타'로 불린다. 캔 커피 브랜드 '칸타타'의 이름도 여기서 유래한 것이다.

"커피가 얼마나 달콤한지.

천 번의 키스보다 더 달고 백포도주보다

더 향기롭고 부드럽지.

커피, 내게 꼭 필요한 커피,

누군가 나를 대접하고 싶어 한다면,

아 그렇다면 내게 커피를 따라주오!"

- J. S. Bach <커피 칸타타> 중

음악가뿐이겠는가. 값싸며 독한 술, 압생트를 즐겨 마셨던 고흐는 커피를 마시기 위해 남은 돈을 몽땅 털어 주문했고, 시대를 넘어 사랑받는 <아를르 포름 광장의 카페테라스>를 그렸다. 그의 생활이 조금 더 여유 있었다면 압생트 대신 커피를 많이 마시지 않을까. 『고리오 영감』의 작가 발자크는 원고지 분량만큼의 커피를 마셨다는데, 위험한 투자와 연이은 사업 실패에 따른 빚을 갚기 위해 100여 편의 장편과 단편, 희곡까지 썼다는 것을 보면 커피를 공기처럼 마셨다고 볼 수밖에. 『노인과 바다』에서 연유를 탄 달콤한 커피를 묘사한 헤밍웨이나 직접 카페 <제비>를 차린 시인 이상, 매일 한잔의 커피로 꾸준한 작품 활동을 이어오는 무라카미 하루키까지. 이처럼 예술가와 커피는 떼려야 뗄 수 없는 관계이다.

커피에서는 에스프레소 머신에서 높은 압력을 받아 졸졸 흘러 떨어지는 방울 방울을 묘사하기 위해 하강하는 아르페지오(펼침 화음)를 사용했고, 커피와 우유는 클라리넷과 플루트가 묘사한다. 커피를 마시는 짧은 순간마저도 선물(Present)이다.

Design

주식회사 프리젠트는 디자인 기반 기업이다. 부산의 한 대학교 정교수로서 안정된 삶을 뒤로하고, 생동감 넘치는 현직 디자이너의 길을 선택한 강범규 교수는 이제 강범규 대표로 불린다. 그의 선택은 무모해 보일지 모르지만, 끊임없는 변화를 두려워하지 않고 유연하게 사고하는 그의 모습을 지켜봐 왔기 때문에 깊은 공감과 영감을 얻게 된다.

어른을 낮잡아 이르는 속칭 꼰대라는 단어가 사회적 이슈마다 많이 거론된다. 나 또한 나이가 들수록 그 말의 진짜 뜻인 아버지, 선생, 기성세대는 어떤 모습이어야 할지 생각해 본다. 나이 지긋한 어른 중에는 자기 뜻대로 일이 풀리지 않으면 다짜고짜 화부터 내는 분들이 있다. 자기 생각과 다른 결과가 보이면 그렇게 화가 나는가보다. 그들이 생각하는 정답은 불변의 진리로 자리 잡고 있는 경우가 많다. 때문에 그 틀에서 벗어난 부류는 불온하고 철없는 것들이라며 폄훼하기 일쑤다. 결국 나는 노인(꼰대)을 '딱딱한 사람들'이라고 정의하기로 했다. 역으로 말하자면 새로움에 대한 호기심을 가진 사람, 지금보다 더 나아지려고 끊임없이 노력하는 사람과 사람들을 아끼는 마음을 품은 이들은 (나이와 무관하게) 꼰대가 아니다. 같은 이유로 예술가들은 더더욱 꼰대여서는 안 된다고 생각한다. 예술은 인간의 생각과 사고와 영감을 아름답게 기록하는 행위이다. 누구보다 유연한 사고가 바탕 되어야 새로운 예술을 접하는데 이질감이 없고, 다양한 예술적 실험에도 두려움이 없을 것이다.

피카소가 그랬다. "모든 어린이는 예술가다. 문제(관건)는 어린이가 성장해서도 그 예술성을 어떻게 지키는가이다."라고. 어린아이와 같은 마음을 가지는 것. 예술가의 정체성을 가지고 싶은 이들이라면 세상을 처음 대하는 어린아이의 눈으로 편견 없이 세상을 볼 필요가 있지 않을까? 그래서 마지막 곡은 어린아이의 눈으로 어린아이들의 제품을 디자인하는 기업 프리젠트의 통통 튀는 아이디어를 표현하고 싶었다. 어디로 튈지 모르는 아이디어들이 탱탱볼처럼 튀는 느낌을 내고자 했다. 스타카토를 적극 이용하며 악기들끼리 음형을 주고받았다. 아이디어에서 상품이 툭 튀어나오듯 스타카토를 지나면 멜로디를 만날 수 있다.

present, book, coffee, design. 이렇게 4개의 곡으로 구성된 EP앨범을 냈다. 앞선 앨범과 다르게 지원 없이 자비로 완성했다. 앨범 재킷 디자인은 프리젠트가 맡았다. 과연 심플하면서 담길 것은 다 담긴 마음에 쏙 드는 재킷이었다. 간단하면서도 명료한 음악을 만들고자 했던 의도가 잘 맞아떨어졌는지 다양한 방송에서 배경음악으로 써주었다. KNN(부산지역방송)의 자원재활용 캠페인 영상과 KBS 부산방송의 프로그램 <대담한사람들>에 수개월 삽입되는 영광도 누렸다. 내가 만든 음악이 어딘가 어느 때에 적절히 쓰인 데서 오는 감동도 좋았다. 라이브 공연이 지닌 '지금, 여기'와는 달리 언제 어디서든 펼쳐볼 수 있는 책의 매력까지 얻게 된 것 같아 행복했다. 그리고 나아가 내가 한 사람에게 영감을 받아 곡을 작곡하고 결과물을 만들어냈듯 누군가에게 이 음악이 영감이 된다면 더없는 보람일 것이다.

(추신) 끊임없이 새로운 아이디어를 내는 강범규 대표의 프리젠트 이야기는 그의 책 『라면집도 디자이너가 하면 다르다』에 더 자세히 담겨 있다.

# 2부.

## 위대한 음악가들의
## 내면아이가 건네는 메시지

내면의 상처는 누구나 있지만
누구나 용기 있게 마주하진 못합니다.


　나라를 구하지는 못했어도 내 스스로를 구하면서 음악과 인문학이 함께 했던 삶을 돌아보았다. 동시에 음악가로의 나의 앞날도 그려보았다. 얼마의 기대감과 약간의 희망 그리고 커다란 불안감이 있음을 확인했다. 내가 가진 부족한 재능을 탓하며 애써 불안감을 지워보고자 했다. 위대한 음악가들은 이런 불안감을 어떻게 이겨냈을까? 그들이 만들어낸 위대한 음악에 담긴 수많은 이야기들과 흔들림 없이 삶을 영위하게 했던 힘에 대해 더 알고 싶었다. 그러던 차에 수년 전 심리학 모임에서 알게 되어 큰 힘을 준 책, 흔들리는 내 마음을 지지해준 책을 떠올렸다. 알프레드 아들러에 대해 알게 되었고 막연하기만 했던 프로이트를 대략이나마 훑어보는 계기가 되었으며 '내면아이'라는 단어도 처음 접하게 된 모임. 부산교육대학교 박수진 교수께서 이끄는 그 모임에서 함께 책을 읽고 이야기를 나누는 동안 나와 다른 사람들이 서로에게 힘이 될 수 있다는 사실을 깨달았다.

코로나 시기를 맞으며 몇 년 만에 다시 책을 꺼냈다. 그때는 와 닿지 않던 '내면아이'라는 단어가 이번에는 깊이 와 닿았다. 존 브래드쇼의 『상처받은 내면아이 치유』를 시작으로 마거릿 폴의 『내면아이의 상처 치유하기』를 읽으며, 상처 입은 내면이 삶을 어떻게 가로막는지, 그리고 그럴 때는 정확한 지점을 찾아서 그 장애물을 정리해 주어야 한다는 것을 알게 되었다. 이 책들을 통해 내 안의 상처를 직시할 수 있는 시간을 가졌다. 바라보기에 아프고 힘든 상처들을 천천히 끄집어내어 치유하니, 건강하고 온전한 자아가 비로소 힘을 낼 수 있었다. 이는 단순히 상처받은 어린 시절을 강인한 정신력과 긍정적 태도로 이겨내라는 막연한 이야기가 아니었다. 심연을 들여다보며 정확히 어느 지점에서 내가 상처받았는지, 그것이 왜 그토록 내게 상처였는지를 발견하고 이해한 후에야 비로소 효과적인 위로가 될 수 있다는 이야기였다. 같은 상황을 반복하지 않기 위해 반드시 필요했다. 그래야만 다음을 향한 발걸음이 더 단단해질 수 있을 것이다.

책을 읽고 음악가들의 어린 시절을 들여다보며, 여전히 미숙한 내 자아가 그들과 공감할 수 있었다. 또한 엄마의 마음으로 그들을 바라보기도 했다. 어떤 음악가는 가련했고, 어떤 음악가는 대견했다. 또 어떤 음악가는 안타까웠고, 어떤 음악가의 삶은 기특하면서도 애잔했다. 그리고 어떤 음악가의 삶은 자신감으로 가득 차 있었다. 그들의 삶과 음악이 오직 어린 시절에 기인했다고는 할 수 없겠지만, 삶을 살아가는 방식이나 태도, 성격과 성향은 어린 시절에 큰 영향을 받을 수밖에 없었을 것이다. 그들의 어린 시절의 내면아이를 탐색하면서, 그들이 만든 음악도 함께 나눌 수 있는 프로그램을 구상했다.

누구보다 내면을 깊이 볼 수 있었던 것은 당연히 나 자신이었다. 나의 아팠던 과거를 꺼내어 "네 잘못이 아니다"라고 이야기해줄 수 있었다. 이를 통해 더 나은 내가 될 수 있는 용기를 얻기도 했다. 나는 음악이 어느 것과도 견줄 수 없는 친구라는 사실을 다시 발견하게 되었고, 그렇기에 음악을 놓지 않을 용기를 낼 수 있었다.

누구나 자라면서 상처받은 기억이 있을 것이다. 자신도 모르게 치유됐거나 혹은 덮어 놓거나 또는 곪는 것도 모른 채 자랐을지도 모르겠다. 그것이 상처인 것조차 모르고 살아온 나도 그랬으니까. 내면아이를 찾는 데 늦은 때란 없다. 꼭 내면아이가 아니라도 좋으니 내가 그랬듯이 내 안의 상처를 돌보고 더 단단해지는 자아를 만나기를 바란다.

## 0. 슈만: 상처받은 내면

현대 정신병리학자들 사이에서 가장 많이 거론되는 음악가 중 하나가 바로 슈만이다. 감정 기복에 힘들어하는 '양극성 정동 장애(Bipolar affective disorder)' 환자로 기록되기도 하는 슈만은 자살 시도가 실패한 후, 자신의 상태를 인지하고 스스로 정신병원에 입원하기를 청했다. 그는 쓸쓸히 병원에서 숨을 거둘 때까지도 감정의 동요 때문에 힘들어했다.

슈만의 어린 시절은 출판업자였던 아버지 아우구스트 덕에 제법 유복했던 것 같다. 아버지의 사업도 어느 정도 안정적이었으며 어머니는 외과의사의 딸로 음악에 조예가 깊었다. 아버지 아우구스트는 말년에 제정신이 아닌 채로 세상을 뜬다. 10대에 겪었던 아버지의 죽음과 (섬세한 예술적 감성과 지적 능력을 겸비한) 자신의 미래를 법학으로 정해놓은 어머니의 결단 사이에서 방황하던 슈만은 라이프치히 법대에 진학하지만, 혼자 피아노를 독학하고 레슨받으며 음악가로서의 자아를 발견한다. 이후는 우리가 잘 아는 클라라와의 세기의 사랑 (클라라의 아버지와 소송을 불사한)과 제자인 브람스로 이어

지는 사랑의 삼각 띠까지. 그러나 여기서는 슈만의 내면에 집
중해보자.

아버지가 정신병을 앓았고, 누이마저 정신병으로 인해 자
살로 생을 마감함으로써 가족력에 사로잡힌 슈만. 그는 자신
의 가족력을 끝내 떨쳐내지 못했다. 자신도 언젠가 미쳐버릴
거라는 강박을 안고 살아갔고, 결국 그 강박은 현실이 되었다.
유전적인 요소는 불가피했지만, 강박에 사로잡혀 인생을 좀
먹도록 내버려 두는 것 말고는 방법이 없었을까?

미국 어바인 의대 교수인 뇌신경학자 제임스 팰런은 여느
날처럼 뇌 스캔 사진을 뽑아 사이코패스(반사회적 인격장애)
의 뇌를 골라내고 있었다. 사이코패스는 유전적으로 측두엽
이상 징후를 보인다. 제임스는 으레 진행하는 블라인드 테스
트에서 전형적인 사이코패스의 뇌 스캔 사진 한 장을 발견한
다. 놀랍게도 그것은 자신의 뇌 스캔 사진이었다. 제임스는 자
신의 뇌가 사이코패스 유전자를 가졌다는 사실에 깜짝 놀라
집안의 역사를 조사해보고는 경악한다. 직계에서 다소 올라
갔긴 했어도 가계도에서 무려 7여 명에 가까운 살인마를 발견
한 것이다. 제임스는 완벽히 도덕적인 삶을 살아온 것은 아니

었지만, 그의 삶은 그런 끔찍한 범행과는 거리가 멀었다. 그는 경범죄조차 저지른 적 없는 성공한 뇌신경과학자였다. 제임스가 사이코패스 유전적 근거를 가졌음에도 불구하고 일반인에 가까운 삶을 살 수 있었던 이유는 올바른 환경에서 사랑받고 양육되었기 때문이다. 즉, 어린 시절 적절한 양육과 사랑이 사이코패스의 뇌를 가진 한 인간을 사회적으로 전혀 문제가 없는 훌륭한 학자로 만들었다는 이야기다.

물론 슈만의 정신질환이 제임스 팰런의 사이코패스 특성과 같지도 않고 같을 수도 없을 것이다. 하지만 팰런 교수의 사례에서 보듯이 부인할 수 없는 뇌의 특성(사이코패스)을 갖고 태어난다고 해도 적절한 양육과 사랑이 더해진다면 결과는 달라질 수 있다. 어른이라서 어쩔 수 없는 것이 아니라, 상처받은 어린 시절을 발견하고 꺼내 치유할 방법이 있다는 희망 말이다. 불행히도 이 희망을 슈만에게 알려줄 방법은 없지만 다행히 우리는 우리의 삶을 스스로 선택할 수 있다는 사실! 이제, 당신 안의 그것을 만나러 나설 시간이다.

# 1. 슈베르트: 내면을 마주하라

"당장 결정해. 음악을 그만두고 공부에 열중하든지 아니면
앞으로 우리 집에 발길을 끊든지."

14명의 자녀 중 12번째의 아이로 태어난 15살의 슈베르트
에게 불호령이 떨어졌다. 엄격하고 보수적인 교사였던 아버
지는 자녀를 모두 교사로 키우고 싶어 했다. 그것이 자신이 아
는 가장 성공한 삶, 혹은 현실에 걸맞는 이상적인 삶이었는지
도 모른다. 슈베르트의 어린 시절, 아버지는 음악을 곧잘 연주
하기도 했고 모든 자녀들도 음악을 조금씩 연주할 수 있었다.
때때로 온 가족이 실내악을 연주할 때면 아버지가 틀리는 부
분을 쭈뼛거리며 바로잡아주는 그런 아들이 슈베르트였다.

1797년 오스트리아 빈에서 태어난 슈베르트는 1808년 어
린 나이에 왕실 신학교 소속 예배당 합창단의 소프라노를 맡
는다. 그곳에서 생활하는 동안 슈베르트는 음악적 욕구와 재
능을 자유롭게 표출할 수 있었다. 가르치는 선생마다 이미 모
든 것을 알고 있는 것 같은 슈베르트의 재능에 놀라곤 했다.

모차르트의 라이벌 살리에리가 슈베르트의 재능을 발견하곤 직접 작곡을 가르친 일화도 유명하다. 수줍음이 많고 나서기를 좋아하지 않았던 성격에도 주변에는 항상 친구들이 많았다고 한다. 어떤 친구는 작곡할 수 있는 오선지를 가져다주기도 하며 그의 음악성을 응원했다. 어떤 친구는 (곧 발표할) 괴테의 시에 곡을 붙인 <마왕>을 괴테에게 대신 보내주기도 한다. 이처럼 슈베르트는 내면은 물론 외부에서도 확실히 들려오는 자아를 확인했다. 음악은 슈베르트의 삶이고 슈베르트의 전부였다.

집안의 막내 격으로(성인이 될 때까지 살아있는 형제는 5명에 불과했다) 영특함과 귀여운 모습으로 사랑받았고, 어린 시절을 지나면서 음악에 깊이 빠져들어 음악가로의 삶을 결심한 10대 소년. 아버지의 불같은 반대는 슈베르트를 굉장히 힘들게 했다. 사실 음악을 시작하게 된 것도 음악을 더 사랑하게 된 것도 가족의 영향이 컸다. 아버지도 쉬운 음악은 연주할 수 있었고 바이올린을 가르쳐주던 형의 우애, 빈 궁정음악 합창단으로 있을때 영양이 부족한 식단을 보충하기 위해 간간히 음식을 싸왔던 어머니의 정성까지. 슈베르트에게 음악과 가족은 분리할 있는 게 아니었을 것이다. 가족과 음악은 택일의 선택지가 될 수 없다는 것. 하지만 슈베르트의 아버지는 완강했고 급기야 집에 오지도 말라는 엄포를 놓은 것이다.

슈베르트의 어린 시절은 강압적인 아버지의 굳은 의지로 얼룩졌다. 음악이 없는 삶을 상상할 수 없었던 그는 상처 입은 채로 친구들의 애정과 후원으로 근근이 살아간다. 모차르트에 비견될 만큼 빠른 속도로 작곡을 하던 슈베르트는 "세상에 온 이유가 오직 작곡을 하기 위해서"라는 자신의 말대로 많은 작품을 쏟아낸다. 그중에서도 슈베르트 나이 열여덟 살, 괴테의 시에 영감을 받아 단숨에 만든 곡이 <마왕>이다.

시를 읽고 곡을 수없이 들은 나는 깜짝 놀라고 말았다. 마치 슈베르트의 상황을 모두 알고 있다는 듯이(슈베르트 자신이 영감을 받을 수밖에 없는) 묘사한 탁월한 시였기 때문이다. 괴테의 시에 대한 수많은 해석이 있겠지만, 나는 오로지 슈베르트의 내면에 비추어 탐구해보기로 하였다. <마왕>에 등장하는 인물은 해설자와 마왕과 아이와 아이의 아버지이다.

차가운 바람이 부는 밤, 아버지는 아이를 안고 말을 달려 행복이 기다리는 집으로 향하고 있다. 아이를 안은 마음과 손길은 다정한 아버지임을 확실히 보여준다. 하지만 아버지는 아이가 아파하고 괴로워하는 것을 이해하지 못한다. 아이가 보고 있는 마왕을 알아보지 못한다. 아이는 금관을 쓰고 망토를 두른 마왕이 자신을 자꾸 유혹하는 것이 끔찍하고 괴롭다. 아버지는 괴로움을 호소 하는 아들에게 그것은 아무것도 아니라고, 안개이고 풀잎이며 나뭇가지일 뿐이라 일축한다. 그리고 집에 도착하기 전, 아들은 죽게 된다.

Wer reitet so sp t durch Nacht und Wind?

차가운 바람이 부는 이 어두운 밤에 말 타고 가는 이 누구인가?

Es ist der Vater mit seinem Kind;

그들은 아버지와 아들이었다네.

Er hat den Knaben wohl in dem Arm,

아버지는 아들을 감싸안고 간다네

Er faßt ihn sicher, er h lt ihn warm.

안전하고 따뜻하게 안고 말을 달린다네

"Mein Sohn, was birgst du so bang dein Gesicht?"

"아들아, 왜 그렇게 떨고 있느냐?"

"Siehst, Vater, du den Erlk nig nicht?

"아버지, 저기에 마왕이 보이지 않으세요?

Den Erlenk nig mit Kron' und Schweif?"

금관을 쓰고, 망토를 두른 마왕이?"

"Mein Sohn, es ist ein Nebelstreif."
"아들아, 저건 그냥 자욱한 안개일 뿐이란다."

중략

"Mein Vater, mein Vater, jetzt faßt er mich an!
아버지, 아버지, 마왕이 저를 붙잡아요!
Erlk nig hat mir ein Leids getan!"
마왕이 저를 아프게 해요!
Dem Vater grauset's, er reitet geschwind,
아버지는 공포에 질려 급하게 말을 달렸네,
Er h lt in Armen das  chzende Kind,
신음하는 아이를 팔에 안고서
Erreicht den Hof mit M h' und Not,
고생 끝에 집에 도착했더니,
In seinen Armen das Kind war tot.
아들은 품속에서 죽어있었다네.


 나는 이 시를 읽으며 아이가 내면의 아이(자아)를 의미한다고 해석했다. 그 아이가 마왕을 발견한다. 그 마왕은 아이, 그러니까 자아가 원하지 않는 것을 강요한다.  마왕은 자기가 정한 곳으로 가면 바닷가에 꽃도 있고 황금빛 옷을 입고 기다리는 이들과 축제를 연다고 한다. 하지만 자아가 원하는 것은 그런 것들이 아니다. 마왕이 안내하는 축제와 노래가 전혀 행복하지 않다.

　슈베르트는 괴테의 시를 어떻게 읽었기에 단숨에 곡을 써나갈 수 있었을까? 시에 등장하는 인물을 슈베르트 시점으로 보려고 했다. 마왕의 속삭임으로 두려움에 떠는 아이가 슈베르트 내면의 아이라면, 두려움을 숨기고 아버지의 뜻을 따르는 외면적 슈베르트를 노래 속의 아버지로 보았다. 그리고 아이의 내면을 보지 못하고 강압적으로 자신이 원하는 곳으로 이끌려는 마왕이 현실 세계의 슈베르트 아버지로 인식되었다. 내면의 아이는 마왕을 피해서 어디론가 가기를 바라지만 아버지는 아이를 안고 집으로 달릴 뿐이다. 그러니까 상황과 현실에 적응해 살아가는 우리는 마왕을 두려워하고 피하고 싶어 하는 내면아이의 소리를 끝내 외면한 채 쳇바퀴 도는 삶을 지속한다. 그러는 동안 내면의 아이는 상처받고 죽어있으며 나는 진짜 '나'가 될 기회를 상실하고 마왕이 이끄는 삶을 살 수밖에 없다.

| 시의 등장인물 | 마왕 | 아버지 | 아이 |
|---|---|---|---|
| 내가 생각하는 등장인물의 의미 | 사회적 시선/고정관념/ 부모님의 의견 ~라면 ~해야 한다고 하는 모든 것. | 겉으로 드러나는 나 | 내면아이 |

슈베르트는 음악가로의 삶을 살길 원했지만 슈베르트의 아버지 눈에는 교사의 삶이 훨씬 나은(황금 옷을 입은 축제 같은) 삶이었으리라. 때문에 슈베르트에게 아버지가 권하는 삶을 살라고 종용한다. 가족과 함께한 행복한 삶을 그리워하는 슈베르트에게 협박 같은 아버지의 충고와 조언은 거부하기 힘들었을 터. 실제로 (군 문제가 겹치긴 했지만) 슈베르트는 아버지 뜻에 따라 1년여 동안 교사생활을 하기도 했다. 하지만 그럴수록 자기 내면의 자아가 죽어가는 것을 느끼고는 다시 음악을 찾아선 슈베르트. 그가 느꼈을 전율이 전해진다. 내면의 소리에 귀 기울이지 않는다면 죽은 것과 다름없다는 나의 깨달음과 같았을까. 슈베르트가 괴테에게 보냈다는 편지를(괴테는 수많은 팬레터 중 하나로 읽어보지도 않았을 것이라는 설이 유력하다) 찾아 읽고 싶은 심정이다.

슈베르트의 이야기는 수백 년이 지난 지금 시대에도 흔히볼 수 있을 정도로 낯설지 않다. 많은 이들이 겪었던, 혹은 겪는,

사실 지금의 나도 겪고 있는 문제이기도 하다.

　부모님과 세상 사람들은 자신들이 살아온 경험을 기준으로 우리에게 충고와 조언을 한다. 하지만 내가 바라는 삶이 그들의 삶과 전혀 다른 삶이라면 그런 충고는 족쇄가 될 수 도 있다. 정답이 없는 게 삶이라지만 적어도 답은 스스로가 찾아야 하고 스스로의 내면을 깊이 들여다보며 사유해야 한다. 자신을 정의하는 것, 그것을 오롯이 스스로의 힘으로 완성함으로써 내 삶의 답을 정할 수 있다. 부모도 형제도 대신해 줄 수 없는 오직 내 인생이기 때문이다. 누군가가 만들어놓은 모범답안에 안주한다면 진짜 자신의 삶을 살고 있다고 말하기 어려울 것이다.

　슈베르트는 아버지의 뜻에 따라보려 했으나 자신의 내면에서 강력히 발화하는 음악의 부름에 따랐다. 다행히도 자신의 내면의 소리를 외면하지 않고 음악을 택한 덕분에 31년이라는 짧은 생애에도 불구하고 900곡이 넘는 방대한 작품을 만들었다. 단순히 곡수만 많은 것이 아니라 질적으로도 자신의 색깔을 갖고 있는 음악들을 남겼다.

그가 가족의 응원까지는 아니라도 외면받지 않고 사랑받으며 조금 더 오래 살았다면 어땠을까. 죽기 1년 전에야 자신의 피아노를 갖게 되었고, 죽기 전까지도 헨델의 대위법에 대해 배우려고 했던 슈베르트. 자기 피아노에서 대위법을 사용해 작곡된 그의 음악은 얼마나 더 아름답고 위대했을지 상상도 안 된다. 그래서 더욱 안타깝다. 음악은 취미로만 하라는 아버지의 무서운 압박에 상처 입은 내면을 치유할 수 있었다면. 스스로 자기 내면을 찾아갔던 그 용기에다 따뜻한 가족의 사랑이 더해졌다면. 지난 아픔을 치유할 수 있는 아름다운 추억의 힘을 알았던 바흐처럼 말이다.

## 2. 바흐: 아름다웠던 순간을 기억하라

어느 매체에서는 19명이라고 하고 어느 책에서는 20명이라고 한다. 후보를 포함한 축구선수의 숫자가 아니라 요한 세바스찬 바흐의 자녀 숫자이다. 시대를 감안하더라도 바흐보다 더 오래 산 자녀는 안타깝게도 9명에 불과했지만, 그의 삶에 대한 열정(자녀의 숫자로 열정을 논하다니! 자녀가 셋인 나의 성급한 일반화의 오류인 것으로)이 느껴지는 대목이 아닐까. 어쨌건 그는 두 명의 부인에게서 이렇게 많은 자녀들을 낳았으며 그 와중에도 1000여 곡을 작곡했다.

바흐가 결혼하기 전 시절로 가보자. 바흐와 디트리히 북스테후데와의 인연을 빼놓을 수 없다. 북스테후데는 당대 최고의 오르가니스트였다. 그의 연주를 듣기 위해 바흐는 자신이 살던 튀링겐에서 뤼벡까지 400km를 가야 했다. 우리나라로 치면 서울에서 부산까지의 거리인데, 자가 운전에 요즘 자동차의 주요 기능인 오토파일럿(일정한 속도로 세팅해 놓으면 액셀러레이터를 밟지 않아도 브레이크를 밟을 때까지 자유주행이 되는 기능)을 이용한다고 해도 쉽지 않은 거리이다. 그런

데 바흐는 그 어마어마한 거리를 마차를 빌릴 돈이 없어서 보름이 넘도록 걸어서 갔다. 새로운 음악에 대한 바흐의 호기심과 열정이 얼마나 대단했는지 짐작할 수 있는 부분이다. 보름 동안 걸어서 온 재기 넘치는 열정맨을 매우 기특하게 여긴 북스테후데는 레슨도 해주고 자신의 딸과 결혼하기를 부추겼나 보다. 그러나 결혼은 하고 싶지 않았던 바흐는 다시 자신이 살던 지방으로 돌아왔다는 풍문은 재미로 남겨두자.

그렇다면 더 어린 바흐는 어떠했을까? 바흐는 1685년 음악가 집안으로 유명했던 바흐 집안의 8남매 중 막내아들로 태어났다. 9살 무렵 부모님이 돌아가시자 바흐는 큰 형에게 맡겨진다. 큰 형 역시 음악가로 활동하고 있었고, 당시는 종이가 귀하고 인쇄술 발전이 더디어 악보 가치가 몹시 귀했을 때였다. 형은 어린 막내 동생이 악보를 망칠까 악보를 보지 못하게 했으나, 바흐는 이미 악보를 거의 다 외워 더 이상 악보를 보지 않아도 될 정도로 신동이었다. 15살 무렵부터 평생 궁정과 교회에 몸담았고, 매주 교회에서 필요한 칸타타와 연주곡들, 교회 학생들을 가르치기 위한 교본 등을 끊임없이 작곡했다.

어린시절 일찍 부모를 잃은 바흐가 평생 멈추지 않고 지속적인 열정을 불태울 수 있었던 힘의 원천은 어디에 있을까? 울리히 룰레의 『음악에 미쳐서』에 따르면, 그 원천은 어머니와의 따뜻한 추억에서 비롯되었다.

수백 년 전에 태어난 위대한 음악가가 기억하는 자신의 어린 시절, 그 수많은 기억 중에서도 단연코 기억에 남는 이미지는 어머니 주위에 형제들과 둘러앉아 이야기를 듣는 장면이다. 상상해보면 이는 마치 동화책에 나올 법한 따뜻한 장면이다. 당시에는 아이들이 즐길 콘텐츠가 지금처럼 많지 않았고, 최고급 육아용품으로 육아의 질을 높일 수 있는 시절도 아니었다. 어린이라는 개념조차 미진했던 그 시절, 아이들을 사랑하는 어머니의 모성으로 채색된 이 장면에는 스푸마토 기법을 사용한 다빈치의 그림처럼 묘한 신비감과 따스한 사랑이 묻어난다.

어머니가 들려주신 다양한 사랑 이야기는 어린 바흐에게 깊은 인상을 남겼다. 이 이야기들은 바흐의 상상력과 영감을 자극하여 그의 아름다운 음악으로 승화되었다. 이런 어린 시절의 따뜻한 기억들은 바흐가 평생 동안 음악에 대한 열정을 불태울 수 있었던 원천이 되었을 것이다.

어린 시절의 이야기를 이렇듯 아름답게 묘사할 수 있는 작곡가라니. 학대에 가까운 어린 시절을 보낸 베토벤이나, 그 정도는 아니었을지라도 역시 학대의 범주를 벗어나지 못한 모차르트와 비교하면 바흐는 확실히 행운아였는지도 모른다. 평생 간직할 만한 아름다운 추억을 가슴에 품고 있다는 것은, 지쳐 힘들 때마다 꺼내 먹는 고품질 영양제 같은 것 아니었을까.

바흐는 일찍 부모님을 잃고 15살 때부터 생계를 위해 일해야 했다. 평생 고달프게 일해야 했던 그의 삶은 지금의 우리와 비교하면 더욱 안쓰럽게 느껴진다. 나는 바흐의 삶에 동질감을 느끼면서도 그보다 안락하게 살고 있음을 고백할 수밖에 없다. 독자 중에 20명의 아이를 낳아 길러본 이는 없을 테니. 바흐의 삶은 이처럼 험난했다.

"상실에 집중하면 슬프다고 느낄 것이다. 공포에 집중하면 두렵다고 느낄 것이다. 비하당하는 데 집중하면 초라하다고 느낄 것이다. 상처 준 사람들에게 집중하면 화가 날 것이다. 감사에 집중하면 고맙다고 느낄 것이다. 당신을 사랑하는 사람에게 집중하면 사랑받는다고 느낄 것이다. 기쁨을 느꼈던 때에 집중하면 기쁘다고 느낄 것이다. 어디에 주의를 기울이는지가 항상 기분을 결정한다." 『마음이 아니라 뇌가 불안한 겁니다』의 저자 다니엘 에이멘의 말이다.

누구나 자신의 길을 선택할 자유가 있다. 칠흑 같은 암흑을 선택할 것인지, 아니면 반짝이는 별을 선택할 것인지. 만약 별이 보이지 않는다면, 우리는 그것을 스스로 만들 수도 있다. 나라는 우주의 창조주는 다름 아닌 나 자신이기 때문이다.

이제 여러분에게 한 가지 비밀을 공개하겠다. 아름다운 별을 만들기 위해서는, 내 인생에서 가장 반짝이는 순간들에 특별함을 더하는 요소가 필요하다. 이는 마치 요리에 완성을 더하는 소금과 같다. 그 비밀의 요소는 바로 여러분의 예술적 배경이며, 이는 내가 경험한 아름다운 순간들을 예술로 승화시키는 데 필수적이다. 때때로 위대한 예술가들을 모방하는 것도 유익하다. 우리는 뛰어난 작품들을 계속해서 관찰하고, 듣고, 모방하며 창조해야 한다. 실수를 두려워할 필요는 없다. 이제 모차르트의 이야기에서 우리가 배울 차례다.

## 3. 모차르트: 실패를 응원하라

내가 어릴 적 축구 영웅의 이름은 펠레였다. 한국 사람들에겐 차범근. 축알못(축구 알지 못하는 사람)인 나도 아는 축구천재 호날두와 메시는 보다 최근의 이름일 것이다. 이처럼 시대에 따라 축구 영웅의 이름은 달라지지만, 수백 년의 흐름에도 굳건한 음악천재 하면 떠오르는 이름은 오직 하나, 볼프강 아마데우스 모차르트다.

얼마나 천재였기에

아이를 키워보니 모차르트가 얼마나 천재였는지 온몸으로 깨달을 수 있었다. 그는 48개월 이전에 피아노곡을 제대로 연주하고 5살이 되기도 전에 작곡을 시작한다(나의 큰 아이는 48개월 때까지 문장으로 말하지 못하여 애를 태웠다. 다행히 지금은 하지 않아도 될 말까지 유창하게 말하고 있다). 그리고 연주와 작곡 실력이 일취월장한다. 그 자신도 궁정음악가였던 모차르트의 아버지 레오폴트는 잘츠부르크의 동료 궁정 연주자, 제과기술자들과 가까이 지냈는데 모차르트의 재능 덕분에 빈의 황궁을 비롯한 다양한 귀족들과 교류할 수 있는 신분 상승을 이룬다. 어리고 귀여운 모차르트가 연주를 하면 연주에 놀란 이들이 선물과 감탄과 키스를 연발했다는 기쁨에 가득 찬 레오폴트의 편지(1762년 10월 16일)를 보면 모차르트의 연주를 원했던 사람들이 꽤 다양하고 끊임없었다는 사실을 확인할 수 있다. 레오폴트는 순식간에 신분을 상승하게 해 준 모차르트의 재능을 놓칠 수 없었다. 모차르트가 3살부터 8살까지, 매일 6시간에 이르는 연습은 기적 같은 결과를 만들었고, 레오폴트에게는 생계를 건 사업이나 다름없었을 것이다.

모차르트가 일곱 살이 되자, 그의 아버지 레오폴트는 온 가족을 데리고 유럽을 순회하는 광범위한 연주 여행을 시작했다. 이 여정은 단순한 연주만을 넘어서, "이것도 한번 쳐보세요!"라는 즉석에서의 요청에 대한 연주까지 포함되었고, 어린 모차르트는 심지어 건반을 천으로 덮은 상태에서도 연주를 선보일 정도로 기술적으로 뛰어났다. 이는 텔레비전이나 인터넷이 없던 시대에 귀족들에게 매우 흥미로운 볼거리를 제공했다. 그러나 왕족과 귀족의 변덕은 예측하기 어려웠고, 모차르트 가족의 첫 번째 유럽 여행은 그들의 삶을 대폭 개선시켰지만, 두 번째 방문에서는 모차르트의 인기가 예전만 못하다는 것을 곧 알게 되었다.

1767년, 가족은 다시 빈으로 돌아갔고, 마리아 테레지아 여왕과 그녀의 아들 요셉 2세에게 모차르트의 뛰어난 재능이 발견되었다. 여왕은 당시 열두 살의 모차르트에게 오페라 작곡을 제안했고, 그는 곧 오페라를 작곡하기 시작했다. 이 작품은 이탈리아에서도 크게 인정받으며 모차르트의 명성을 더욱 공고히 했다. 이 이야기는 그가 어떻게 위대한 음악가로 성장해나갔는지를 보여주는 중요한 일화다.

앞서 말했듯이 모차르트의 가족에게 모차르트는 돈이자 신분 상승의 보증수표였다. 그렇다면 모차르트의 내면은 어떠했을까? 엄마가 된 눈으로 보니 더 확실하게 보이는 것이 있다. 모차르트는 무척 예민한 아이였던 것 같다. 기록을 살펴봐도 소리에 예민했고 애정을 갈구했다. 이 점은 "볼프강과 놀아주려면 음악이 멈추지 않아야 했다."라는 레오폴트 친구의 증언이나 평생을 걸쳐 드러나는 그의 행동과 편지 등에서 쉽게 확인된다. 만나는 사람들과 친해진 사람들에게 끊임없이 사랑받고 있는지 확인받고 싶어 했고 그것이 이루어지지 않거나 충분하지 않으면 슬픔과 절망을 표현하기를 숨기지 않았다. 모차르트에게 어린 시절 연주회는 박수갈채와 애정의 환호 속에서 자란 것이 큰 힘이 되었을 것이다. 하지만 성장하면서 그 환호가 식어가는 것을 느끼게 된다면 어땠을지? 갓돌을 넘긴 어린 나이부터 무대 위의 피아노 앞에 앉혀진 모차르트는, 자신의 재능을 밀어붙이는 야망 넘치는 아버지 레오폴트와 함께 했다. 모차르트의 예민한 청각과 깊은 애정 욕구는 아버지의 기대와 맞물려 그의 음악적 재능을 폭발적으로 발휘하게 했다. 하지만 그 애정이 줄어들면서 모차르트는 점점 더 많은 압박과 고립을 느꼈을 것이다. 이러한 복합적인 감정이 그의 음악과 삶에 어떻게 영향을 미쳤을지 생각해 볼 때, 아버지와 아들의 관계가 모차르트의 예술적 발전에 얼마나 중요했는지를 충분히 짐작할 수 있다.

모차르트가 어릴 적에는 '신동', '천재'라는 찬사를 받으며 성장했지만, 시간이 지남에 따라 그런 타이틀을 유지하기 위해 심지어 나이마저 속이려 한 일화는 그의 부담을 엿볼 수 있게 한다. 어린 시절부터 끊임없는 연주 여행과 고된 연습은, 성인도 견디기 힘든 일이었을 터. 심지어 천연두에 걸린 채로도 연주를 멈추지 않았다고 하니, 그의 작은 키 또한 그런 환경적 요인으로 인한 것일 가능성이 크다. 결국 모차르트는 자신만의 신동 타이틀을 넘어 성인 무대에 서야 했고, 실력만으로 평가받는 세계에서 자신의 자리를 찾아야 했다. 나이가 들면서 불가피하게 변해야 했던 그의 이미지와 실력 사이에서의 씨름은, 어느 누구도 피할 수 없는 성장의 과정이었을 것이다. 즉 시간은 공평하게 흘렀고 더 이상 타고난 신동이 아니라 음악가로의 삶을 스스로 선택해야 할 기로에 서게 된 것이다.

시간은 우리에게 공평하게 나이를 주지만 인생을 관조할 수 있는 성숙함과 깊이까지 주지는 않는다. 그것은 오로지 내면의 힘으로 가능한 것이며 내면의 힘은 끊임없는 사고와 고민으로 다져질 것이다. 미성숙한 인격을 지닌 노인이 있는 반면 어린 나이에도 깊은 사유를 하는 이들이 있다. 그런 점에서 모차르트는 불리한 성장환경 속에서 지냈다. 잦은 여행과 불안정한 환경은 모차르트의 신체적 성장을 더디게 했을 것이다. 민감한 청각과 강렬한 애정을 필요로 하는 성향이, 무조건적인 사랑을 경험하기도 전에 냉정한 관객들의 조건부 사랑에 길들여져, 그의 내적 성장마저 늦추었을 가능성이 크다. 모차르트에게 실패와 좌절을 이겨낼 힘이 부족했음을 보여준다.

2007년쯤. 대학생인 작곡가의 곡을 발표하는 연주회였다. 친한 동생이었던 작곡가의 곡을 연습하고 무대에 서기로 약속을 했다. 연습을 했지만 현대 음악의 리듬은 정형적이지 않고 화성도 귀에 익숙치 않았다. 치아교정 막바지에 플루트를 연주하는 것은 입술 안쪽이 부르키고 피가 나는 것을 감수해야만 했다. 그래도 어느정도 자신이 있었다. 해왔던대로, 연습한대로 하면 된다고 생각했다. 무대에서 반주가 시작되었고 소리가 나지 않았다.

공연 중에 플루트 소리가 나지 않는 일은 매우 드물고, 예상치 못한 사건이었다. 무대 위에서 반주가 시작되었지만, 내 플루트에서는 소리가 나오지 않았다. 순간, 주위가 캄캄해진 듯했다. 이전 리허설에서는 문제가 없었는데, 갑자기 소리가 나오지 않아 당황스러웠다. 절박한 마음으로 손가락을 빠르게 움직여 보았지만, 소리는 공기가 새는 듯한 피빅피빅 소리만 내며 계속 울렸다. 무대 뒤에서는 자신의 곡이 연주자에 의해 의도치 않게 재해석되고 있음에 황당해하는 동생과 무대 앞, 관객들에게는 이것이 혹시 현대음악의 한 형태인가 하는 의문을 주었을 것이다. 이러한 예상치 못한 상황은 모든 이들에게 혼란과 궁금증을 야기했다.

무대에서 겪은 그 순간은 기억하기도 힘들 정도로 혼란스러웠다. 내 얼굴과 관객들의 표정들이 내 가슴에 선명하게 새겨졌다. 솔직히, 공연이 어떻게 끝났는지도 잘 모르겠다. 모든 것이 너무 빠르고 혼란스러워서, 동생에게는 눈물로 사과를 했고, 나 자신에게는 이제 악기를 그만둘 때가 되었는지 진지하게 질문했다. 관객들에게는 작곡가의 의도와는 전혀 다른, 결코 아름답지 않은 선율을 들려주어 미안했다. 동생에게는 그가 정성껏 만든 작품을 망치는 순간을 목격하게 해서 마음이 아팠다.

그만큼 나는 부족했고, 내가 생각했던 방식대로 일이 풀리지 않는 실패와 좌절을 경험했다. 하지만 그 아픔이 있었기에, 나는 음악을 해야 할 이유와 내 스스로에 대해 다시 한 번 깊이 고민할 수 있는 시간을 가졌다. 그것이 내 인생에서 음악이 왜 필요한지, 그리고 내 존재의 이유에 대해 스스로 답을 찾는 시간이었다.

모차르트의 왜는 무엇이었을까. 왜 음악을 시작했을까. 예민한 귀와 영민함. 그것을 알아차린 아버지의 수고와 노력. 그때까지는 왜라는 이유보다 앞서 말했던 상황적 톱니바퀴가 잘 맞았던 것 같다. 어쩌면 레오폴트는 볼프강의 '왜' 자체였는지도 모른다. 생각해보면 아무리 영리한 아이라도 5~6시간을 어르고 달래며 연습시키는 일은 보통의 의지와 노력이 아니면 불가능하다. 모차르트의 어린 시절의 왜는 아버지 레오폴트가 정의했다. 모차르트가 독립의 시간을 거치며 혼자 고군분투했던 시절의 왜는 음악이 그가 가장 잘하는 것이기 때문이었을 것이다. 나이가 들면서 자기만큼 하는 음악가들이 자꾸 등장하던 시기에 그가 겪었을 압박감. 그는 이제 선택해야 했다. 그럼에도 불구하고 음악을 계속해야 할 이유. 평생 애정에 목말랐던 그에게 더 이상 아버지도 콘스탄체도 없었다. 그 스스로 이유를 찾아야 했다. 하지만 모차르트는 실패를 경험하고 실패를 연습할 시간이 없었다. 평생 성공만 했던 그에게 닥친 현실은 혼자 감당하기에 너무 컸는지도 모른다. 모차르트가 만약 이 시기를 감내하고 다음 발을 내디뎠다면?

실패는 성공의 어머니라는 그 흔한 말을 다시금 생각해본다. 우리는 실패하며 성장한다. 실패를 통해 성공하지 못할 이유를 하나씩 지울 수 있는 것이다. 모차르트에게 필요했던 것은 신동이 아니어도, 천재가 아니어도 괜찮다는 말. 실패해도 다음이 있다는 응원이 아니었을까. 성공하는 연습이 자존감을 키워주고 자아 성취감을 주는 만큼 실패하는 연습도 예기치 않은 인생의 순간에 도움이 될 수 있다, 성공을 위한 실패를 달게 반겨야 하는 이유이다. 지금의 실패가 성공의 과정임을 굳게 믿고, 그 성공은 결과에서 찾을 것이 아니라 내가 다음을 내딛는 과정에서 찾을 수 있기를 바란다. 실패 따위는 소나기 정도로도 취급하지 않았던 드보르작을 만난다면 당신도 내가 받았던 용기와 끈기라는 선물을 1+1로 받을 수 있을 것이다. 이제 자신이 원하는 것이 무엇인지 알고 따뜻한 가족애를 실천적으로 보여주며 꿋꿋이 다음 발을 디뎌갔던 드보르작을 만나보자.

# 4. 드보르작: 감정 표현 도구를 발견하고,
## 균형감각을 가져라

    안토닌 드보르작은 스메타나와 함께 체코 음악의 상징적 인물로, 그의 대표작 중 하나인 교향곡 9번 <신세계에서>는 미국 국립 음악원 원장으로 재직하며 작곡한 곡으로, 그의 말년 작품 중 가장 유명한 곡이다.

### 푸줏간 집 아들

    안토닌의 아버지 프란티셰크는 푸줏간 겸 여관을 운영하는 사람이었다. 슈베르트, 바흐, 모차르트와 결은 좀 달랐을지 모르지만 드보르작의 아버지도 음악을 연주할 수 있었고, 치터 (나무로 만든 판 혹은 상자에 30-40개의 줄을 달아 마치 가야금이나 거문고와 비슷한 원리로 소리를 내는 현악기)를 곧잘 연주했다고 한다. 프란티셰크는 마을 축제나 혹은 손님 앞에서 그 연주를 뽐냈거나 아들에게 그것을 가르쳤을지도 모른다. 하지만 프란티셰크가 아버지로부터 가업을 이어받아 푸줏간과 여관을 운영하듯 아들 안토닌도 푸줏간을 이어받고 여관을 운영하길 바랐다. 그리고 자신보다 더 나은 생을 살길 바라는 마음으로 기득권층 언어인 독일어를 가르쳤고 안토닌이 12살이 되자 동네인 넬라호제베스의 학교를 떠나 즐로니체로 보낸다. 하지만 결과는 우리가 잘 알다시피 푸줏간 집 주인 안토닌이 아닌 작곡가 안토닌이다.

 슈베르트보다 훨씬 부드러운 가정환경 때문이었을까, 아니면 안토닌의 성격이 똑부러지고 강단 있어서였을까, 아니면 둘 다였을까. 안토닌은 아들이 푸줏간 주인이 될 거라 철석같이 믿는 아버지에게 자신의 의지를 강력하게 전한다. 아버지 역시 음악이라면 악기 연주도 즐거할 만큼 좋아했건만 좋아하는 것과 그것이 생계가 되는 것과의 연결고리는 알지 못하였다. 하지만 빠르게 자신의 내면을 직시하고 자신이 원하는 것이 무엇인지를 알았던 안토닌. 조카의 결정을 응원해주었던 외삼촌 안토닌 즈네츠크와 제자의 재능을 알아본 음악선생님 안토닌 리만의 역할이 시너지를 만들고, 안토닌은 자신이 선택한 음악의 길을 걸을 수 있게 된다.

프라하 생활

프라하에는 프라하 음악원과 프라하 오르간 학교가 있었다. 드보르작은 16세가 되던 1857년 프라하 오르간 학교에 입학한다. 탄탄한 실력을 갖춘 오르가니스트가 되기 위한 과정이었지만 대위법, 화성법, 푸가 등의 수업으로 이론 기초를 충분히 쌓을 수 있는 시간을 가진다. 학교를 다닌 지 몇 주 되지 않아 성 체칠리아 협회의 비올라 단원으로 일하기도 한다. 용돈을 벌기 위한 선택이었으리라. 여기에서 그는 다양한 작곡가들의 음악을 알게 되고 좋은 연주를 함께 찾아 듣는 동료를 만나기도 한다. 1859년 차석으로 학교를 졸업을 한 드보르작은 교회 오르가니스트 자리 하나쯤 맡아 생계를 꾸릴 수 있을 거라 믿었다. 그러나 원서를 낸 성 헨리(인드르지흐) 성당에서 퇴짜를 맞는다. 하지만 드보르작이 택한 건 좌절보다는 무슨 일이든 닥치는 대로 하는 것이었다. 자신이 할 수 있는 음악은 돈벌이 수단이면서 자신의 감정을 표현할 출구가 되어주었을 것이다. 댄스 밴드에서 폴카나 메들리도 연주하거나 정신병원의 오르가니스트의 대타로 연주를 하기도 한다. 그는 음악을 놓지 않았다. 드보르작에게 음악은 생계 이상의 것, 즉 자기 정체성을 분명히 해주는 도구였을 것이다. 드보르작은 훌륭한 작곡가들의 음악과 대중들이 좋아하는 음악을 가리지 않고 연주하다 결국엔 국립극장의 단원이 된다.

　작곡
　안토닌 드보르작은 12년 동안 비올라 연주자로 활동하면서 생계를 유지했다. 앞서 말했듯이 공식적 연주나 비공식적 연주나 크게 가리지 않고 했던 것 같다. 하지만 그러면서도 틈틈이 작곡에 시간을 할애하고 있었다. 왜 그랬을까? 작곡이 왜 필요했을까.

　내 경험을 말하자면, 플루트 연주자로 결혼식 연주도 했고 어느 고등학교의 홈커밍 연주회도 갔다. 그러니까 은행의 연례행사에 가서 연주하고 때로는 오케스트라의 객원단원으로 활동하기도 했던 비슷한 경험의 소유자인 나의 짐작은 이렇다. 마침표가 아닌 쉼표 카타르시스를 맛볼 수 있다. 매번 그렇다고는 말 못하지만 그래도 제법 연주가 괜찮거나 나와 같은 감정을 느낀 관객을 발견할 때 그 감정은 이루 말 할 수가 없다. 환희와 감사 그 어디쯤이랄까. 관객과 공유될 때 감정은 시너지를 이룬다. 분명 드보르작도 연주를 하면서 느꼈을 감정이다. 작곡가의 곡을 연주하거나 그 연주를 듣는 관객들의 감동이 다시 나에게 돌아오고, 오가는 감동이 점점 배가되는 것을 느낄 때, 이런 음악을 연주할 수 있음에 감사하지만, 한편으로 나도 이런 음악을 만들고 싶다는 욕구가 생긴다.

드보르작에게도 드문드문 제법 괜찮은 멜로디의 파편들이 찾아왔을 것이다. 어떤 멜로디는 자신도 모르게 떠나보냈을 것이고 어떤 멜로디는 잊을 수 없을 만큼 집요하게 귓가에 혹은 가슴에 머물렀을지도 모른다. 그것을 어떻게 기록해야 하는지는 학교에서 배웠으니 짧은 곡을 만들어 보고 거기에 성부를 더해 완성도를 높였을 것이다.

2024년을 사는 나는 로직과 같은 미디 음악 프로그램을 사용하여 음악적 아이디어를 스케치하고 실제와 유사한 사운드로 재생해 볼 수 있다. 이런 프로그램들은 실제 오케스트라와 비슷한 음악을 만들어내어, 작곡 과정을 직관적이고 실제적으로 경험할 수 있게 해주기도 한다.

반면, 19세기의 드보르작은 주로 멜로디를 종이에 적고 그 시각적 정보를 머릿속에서 상상으로 재생하며 음악을 구상했을 것이다. 악단을 동반한 연주는 오늘날에도 그렇듯 비용이 많이 드는 일이었기 때문에 유명한 작곡가의 유료 연주회가 아니면 언주 기회를 얻기가 어려웠다. 자신의 내면을 표현하기 위해 작곡을 시작했지만, 그 작업이 지속되면서 점차 능력이 되었다. 초기 작품들은 드보르작 자신이 만족할 수 없어 수없이 파기했던 것들이었지만, 시간이 지나면서 어떤 곡에서는 모차르트의 영향을, 또 다른 곡에서는 베토벤의 영향을 느낄 수 있게 되면서 그만의 독특한 색채가 드러나기 시작했다.

결혼, 출산, 그리고...
드보르작의 주요 수입원 중 하나는 개인 수업이었다. 1865년 드보르작은 금세공인 제르마코바의 두 딸, 요세피나와 안나를 가르치면서 언니 요세피나를 깊이 사랑하게 된다. 하지만 결국 드보르작은 요세피나가 아닌 안나와 결혼하게 된다. 애타는 사랑이 바로 이루어지지 않은 점은 안타깝지만, 드보르작과 안나의 결혼 생활은 그의 삶이 끝날 때까지 지속되었으며 서로를 잘 보완하는 관계였다.

그러나 그들의 삶에는 극복하기 힘든 고난이 있었다. 첫째, 둘째, 셋째 아이를 모두 잃은 것이다. 질병으로 인해 어른아이 할 것 없이 속수무책으로 죽어야만 했던 시대였지만, 그래도 너무 가혹한 현실이었다. 드보르작은 이 가늠할 수 없는 슬픔을 어떻게 이겨냈을까? 아이를 낳아 키워본 부모는 그 슬픔이 이기는 것이 아니라 묻어야만 하는 것임을 안다.

드보르작은 특별히 작곡을 그만둔 시절이 거의 없다. 그는 애끓는 마음을 삭이고 달래며 다시 내일을 꿈꾸었다. 슬픔마저 녹여 희로애락을 작품에 담아냈다. 드보르작이 끊임없이 창작한 것은 그가 주체적으로 정한 삶 자체이자 감정의 출구였기 때문이다.

당신에게도 부디 드보르작처럼 희로애락을 표현할 출구가 있기를 바란다. 김혜남의 저서 『어른이 되면 괜찮을 줄 알았다』에 보면 감정은 분출하는 것이 아니라 표현하는 것이라 했다. 정제되지 않고 끓어오르듯 넘치는 감정은 그것이 기쁨이든 슬픔이든 위험하기 마련이다. 적절한 출구를 찾아서 감정을 다듬는 것은 시공간을 공유하는 주변 사람에게도 큰 배려가 된다. 말이 필요 없는 공감의 순간도 있기 마련이지만, 너무 기쁘거나 슬픈 나의 감정을 자세한 설명 없이도 알아줄 사람은 많지 않다. 아니 거의 없다. 사람들은 자신의 감정을 정제할 수 있는 각자의 다양한 출구가 있다. 누군가는 열심히 뛰면서 하루의 희망을 채워나가기도 하고 어떤 이는 수영으로

레인을 왕복하면서 지친 하루의 묵은 감정을 털어내기도 한다. 조용히 화실로 향해 색색의 물감으로 나의 기분을 표현하는 활동도 좋고 훌쩍 떠나고 싶은 마음을 대신해 이국적 풍경을 보여주는 영화도 좋다. 물론 음악감상이나 연주, 창작도 더할 나위 없이 좋은 출구가 되어줄 것이다.

## 균형 잡기

드보르작의 인생을 들여다보며 균형을 잘 잡는 것이 얼마나 중요한지를 알게 되었다. 드보르작은 자신의 내면을 들여다보고 자기가 하고 싶은 것을 정확히 인지했고 그 곳을 향해 거침없이 걸었다. 그 과정에서 생계를 걱정해야하는 때도 있었지만 일의 경중을 따지지 않으며 현실에 단단히 발을 디뎠다. 그리고 머리와 가슴으로 꾸는 꿈을 향해 단지 생각하는 것에 그치는 것이 아니라 실제적 행동을 했다. 작곡을 꿈꾸고 나서는 작곡가로 발전하기 위해 쉬지 않고 곡을 썼으며 그 곡이 스스로 제법 괜찮다는 생각이 들 때까지 적지 않은 시간을 보냈다. 아이들을 연거푸 잃으며 삶의 쓰나미가 들이닥칠 때에도 가족에 대한 사랑과 일의 균형을 잡았다.

드보르작은 미국에서 프라하 음악원 연봉의 25배에 달하는 고액 연봉을 제안받았을 때에도, 일의 성공만큼이나 멀리 떨어진 가족에 대한 애정과 관심을 놓지 않았다. 미국에서의 풍족한 삶에도 불구하고, 그는 다시 체코로 돌아와 성공한 작곡가의 화려한 생활보다 고향에서의 평온한 삶의 가치를 소중히 여겼다. 드보르작의 삶에는 끊임없이 불어대는 크고 작은 풍랑이 있었다. 하지만 스스로를 작은 나룻배로 두지 않았다. 평생을 두고 끊임없이 만들고 고치기를 반복해 거대한 범선으로 건조했다. 드보르작의 삶을 훑어보며 아직 배도 타지 못하고 바람과 파도에 흔들리는 서퍼와 같다는 생각이 드는 당신. 이제, 우리는 피아졸라를 만나야 한다.

## 5. 피아졸라: 자신을 믿어라!

음악으로의 탱고

탱고라는 장르에 처음 빠진 건 음악이 아니라 영화였다. <여인의 향기>에서의 탱고는 감미로웠고 <트루 라이즈>에서의 탱고는 격정적이었다. 탱고라는 장르는 춤으로 먼저 세상에 나왔다. 아르헨티나의 부두 노동자들이 고된 하루를 마감하고 희망없는 내일을 잊고자 독한 술과 함께 살을 부대끼고 남녀 때론 남남, 여여가 온 몸을 밀착해서 추던 춤. 그 춤이 탱고의 중심이었다. 하지만 탱고는 단순한 춤을 넘어 클래식 음악 장르에서도 당당히 이름을 올리게 되었다. 이는 아스토르 피아졸라의 업적 덕분이다.

클래식 음악에서 탱고 하면 반사적으로 떠오르는 이름이 바로 아스토르 피아졸라이다. 이제 음악을 하는 사람들은 피아졸라를 모를 수 없고 그게 아니라도 <Liber tango>, <Adios Nonino>등의 음악은 한 번쯤은 들어보았을 것이다. 워낙 광고음악이나 배경음악으로도 많이 쓰였고 김연아의 피겨 프로그램음악으로도 사용되어 한국사람에게는 더더욱 익숙하다.

피아졸라는세계적인 음악가의 반열에 오르며 탱고의 위상을 한껏 올려놓았다. "나의 음악은 3000년대까지 울려 퍼질 것이다."라고 호언장담하기도 했다. 이런 자신감은 도대체 어디서 기인한 것일까.

### 운명이라는 것

피아졸라는 태어날 한쪽 다리가 짧게 태어났다. 그의 부모는 의사의 권고에 따라 몇 번의 수술을 반복하며 피아졸라에게 집중했다. 피아졸라를 잘 키우기 위해서 다음 아이는 아예 포기하기로 했다. 그리고 아버지는 피아졸라에게 그의 단점 따위는 의식조차 할 수 없도록 했다. (다른 아이들이 걸어야 한다면 뛰라고 했다) 핸디캡이라 생각할 수 있는 그의 장애는 운명적으로 주어졌는지 모르지만 그 운명이 아프고 힘든 것이라고 받아들이지 않고 그저 남들과 조금 다른 것으로 인지하도록 한 것이다. 피아졸라의 상황은 다른 이들과 조금 달라 보였는지 몰라도 자신의 노력 여하에 따라 그다지 다를 게 없었다. 마치 다리에 커다란 점이 하나 있는 정도라고 하면 적절한 비유일까. 피아졸라의 아버지는 그의 장애가 자신감을 잃게 할 수 있는 요소가 될 수 있음에도 불구하고, 항상 "넌 할 수 있어!"라고 외치며 아들을 믿어주었다.

피아졸라가 또 하나 자신감을 얻을 수 있었던 요소는 바로 반도네온이었다. 이 악기는 아버지 비센테가 뉴욕의 한 전당포에서 발견하여 선물한 것이다. 반도네온은 아코디언과 비슷하게 생겼으나, 아코디언처럼 피아노 건반 대신 양쪽에 단추 모양의 버튼이 나열되어 있고 중간에는 공기 주머니가 있는 구조로 되어 있다. 반도네온은 아코디온과는 또 다른 음색과 표현을 가지고 있었다. 매력적인 음색과 표현으로 아르헨티나 탱고밴드들이 주로 사용하며 탱고 음악의 기본요소가 된 악기였으니 탱고를 사랑하던 아버지가 아들에게 주는 선물로 적절했다. 원하는 것이 있으면 그것이 가득한 환경에 자신을 놓으라 했던가. 피아졸라의 부모는 피아졸라 곁에 끊임없이 음악을 놓았다. 피아노, 바이올린, 만돌린, 반도네온을 가르쳤으며 반도네온을 어느 정도 하게 되고 나서는 스페인인이 운영하는 카바레에서 탱고를 연주하게 하기도 했다.

피아졸라의 부모는 그가 단순히 배우는 것 이상으로 자신감을 키울 수 있는 경험을 주었다는 것을 알고 있다. 야구, 복싱, 카드 게임 등 다양한 관심사를 가진 장난기 많은 소년이었던 피아졸라는, 음악과 함께할 때 자신감을 더욱 키워 갔다. 더 잘하고 싶은 욕구와 승부욕이 자라면서 그의 인생에서 음악이 차지하는 비중은 점점 더 커졌다. 그에게 운명은 어떤 형태로든 이겨낼 수 있고, 스스로 만들어 갈 수 있는 것이다.

나의 색깔은?

피아졸라는 음악에 대한 열정을 가지고 프랑스에서 본격적으로 클래식 공부를 시작하면서 파비엔세비츠키 상을 수상했다. 이 상은 피아졸라가 20세기 걸출한 음악가들을 다수 배출한 나디아 불랑제와 함께 공부할 수 있는 기회를 제공했다.

나디아 불랑제는 피아졸라에게 작곡은 잘하지만 감정이 빠져 있다고 자주 지적했다. 이 말은 불랑제가 많은 학생들에게 했던 말이기도 했지만, 자존심이 강하고 이미 두 아이의 아버지였던 피아졸라에게는 큰 상처로 다가왔다. 결국 불랑제의 지속적인 추궁 끝에 피아졸라는 과거에 탱고를 연주했던 경험을 고백했다. 당시의 분위기에서 탱고가 클래식 음악으로 인정받지 못했기 때문에 자신 있게 말하지 못했던 것이다. 그러나 피아졸라의 고백 후, 그의 연주를 들은 불랑제는 "이것이 바로 피아졸라다"라며 탱고를 결코 그만두지 말 것을 강하게 권하며 피아졸라에게 용기를 북돋아 주었다.

장 프랑수아 밀레의 그림을 떠올려보자. 밀레는 평생 농촌의 풍경을 담았다. 밀레가 살았던 19세기, 그림을 주로 사는 사람들은 주로 돈이 많은 귀족이나 부유층이었다. 이들이 선호한 그림은 그리스 신화나 역사적 사건을 묘사한 작품, 유명인의 초상화, 그리고 그들 자신의 초상화였다. 자세한 묘사와 뛰어난 사실감은 화가들의 기본소양이었다. 농촌에서 8남매 중 한 명으로 자란 밀레는 어린 시절부터 가난했음에도 불구하고, 자신의 재능을 알아본 가족 덕분에 화실로 보내져 예술을 배울 기회를 가졌다. 또한, 가난하고 배고픈 이들에게 잠자리와 음식을 나누어 주었던 할머니의 따뜻한 기억도 결코 잊지 않았다. 이러한 경험들은 밀레에게 깊은 인상을 남기며 그의 예술 세계에 영향을 미쳤다. 자신의 색깔은 자신이 자라온 농촌에서 비롯됨을 분명히 알았던 장 프랑수아 밀레(Jean-François Millet)는, 세상이 원하는 그림보다 자신이 가장 잘 표현할 수 있는 그림에 집중했다. 분명한 그의 색깔은 있는 그대로를 표현하는 <이삭줍는 여인들> <만종> <씨 뿌리는 사람>과 같은 위대한 작품으로 사실주의, 자연주의를 보여준다. 밀레가 시대의 흐름을 따라 신화나 역사의 주제로 그림을 그렸다면, 고흐가 감명 깊게 보고 여러 번 따라 그린 그의 작품들은 존재하지 않았을 것이다. 때로는 익숙하고 안전한 길을 선택하는 것보다, 자신이 무엇을 잘하는지 알아보고, 자신감을 가지고 자신만의 색깔을 표현하는 길이 탁월함으로 이어질 수 있다.

앞서 만났던 위대한 음악가들의 공통점은 무엇일까? 자신이 무엇을 해야 하는지 분명히 알면서도 엄한 아버지에게 휘둘렸던 슈베르트, 따뜻한 어머니의 기억을 품고 믿음직한 가장의 면모를 보여준 바흐, 학대에 가까운 영재 프로젝트의 희생양이었던 모차르트, 집념과 끈기, 그리고 균형의 모범이 되는 드보르작까지. 이들 모두 각자의 상황이 달랐고 서로 다른 삶을 살았지만, 위대한 음악가로 남은 이유는 꾸준한 작품 활동에 있었다.

이들 음악가들의 가장 큰 공통점은 매일같이 반복적으로 음악과 작곡에 몰두했다는 점이다. 예술가가 불시에 얻은 영감으로 명작을 써 내려간다는 표현은 예술가의 단편적인 모습을 보여줄 수 있지만, 진정한 의미에서 위대한 예술가는 노동에 가까운 끊임없는 창작 활동을 지속했다. 하이든, 헨델, 베토벤, 브람스도 마찬가지였다. 최소 수백에서 수천 곡의 작품을 남긴 이들을 보면서, 위대함이란 자신감을 동반한 꾸준함의 다른 말이라는 생각을 하게 된다.

피아졸라가 호언장담했듯 인류는 3000년이 되어도 그의 음악을 듣게 될지도 모른다. 그렇다면 내가, 그리고 여러분이 호언장담할 수 있는 것은 무엇일까? 운명은 우리가 만들어갈 수 있는 것이며, 나의 색깔은 오직 나만이 가질 수 있는 것이다. 내가 될 수 있는 것은 내가 생각했던 것보다도 거대할 수 있으며, 이미 내 속에 담겨 있었지만 내가 미처 발견하지 못했을 수도 있다.

# Bonus Chapter: 베토벤

슈베르트, 내면을 발견하고 마주하라.

바흐, 아름다웠던 순간을 기억하라.

모짜르트, 실패를 응원하라.

드보르작, 감정을 표현하고 균형을 잡으라.

피아졸라, 자신감을 가지라!

위대한 음악가들의 이야기를 나만의 시각으로 조명해 보았다. 그들의 삶은 우리와 다르지 않으면서도 다르다. 시대를 초월하는 메시지를 발견하며 기쁨과 아픔이 교차했다. 위대한 음악가들도 지금의 나처럼 거대한 음악의 바다에서 허우적대는 평범한 사람임을 깨달으며, 그들이 앞서 나아간 길을 통해 용기를 얻었다.

그들도 사람이기에 어리고 여린 마음을 가졌지만, 이를 돌볼 여유 없이 살아야 했던 그들의 내면을 생각하면 마음이 아팠다. 인생은 아이러니와 역설로 가득 차 있지만, 그중에서도 특히 아이러니와 역설의 상징처럼 느껴지는 음악가를 소개하기 위해 이 보너스 챕터를 마련했다.

베토벤의 어린 시절은 모차르트만큼 유명하다. 둘 다 음악가 집안에서 태어나 영재로 길러졌지만, 아버지의 성향은 달랐다. 베토벤의 어린 시절은 아버지 요한 베토벤과의 관계로 인해 많은 어려움을 겪었다. 요한 베토벤은 아들이 모차르트처럼 천재 음악가가 되길 원했으나, 그 자신은 레오폴트만큼 유능한 음악가는 아니었다. 요한이 체벌을 가했다는 이야기는 널리 알려져 있다.

베토벤은 모차르트만큼의 영재성을 보이지는 않았지만, 꾸준히 작곡을 공부하고 악기를 섭렵하며 성장했다. 모차르트가 밝고 사교적이었다면, 베토벤은 진지하고 무거운 성격으로, 그의 음악에 그러한 특성이 잘 드러난다. 베토벤의 삶에서 내가 발견한 것은 세 가지다.

### 산책

베토벤은 자신을 괴롭히던 술꾼 아버지를 분명 원망했을 것이다. 그럼에도 불구하고 그는 매 끼니마다 와인 한 병을 마실 정도로 애주가였다. 베토벤의 건강 상태는 그가 음악에 바친 헌신과 고난을 상징적으로 보여준다. 사후 부검 결과, 그의 간은 절반으로 쪼그라들어 있었고 간경병증과 만성 췌장염이 발견되었다. 이러한 건강 문제는 그의 삶에 악영향을 미쳤지만, 다행히도 베토벤은 산책을 즐겼다.

그는 매일 오전 규칙적으로 작곡을 하며 그 사이사이 산책을 했다. 계절이나 날씨에 상관없이 산책을 즐겼던 그는 자연에서 영감을 얻고 우울감을 떨쳐내곤 했다. 베토벤은 "인간은 거짓을 말하지만 자연은 거짓말을 하지 않는다"며 자연을 예찬했으며, 이러한 영감은 그의 <전원 교향곡>에 고스란히 담겨 있다. 비가 와도 모자나 우산 없이 거침없이 걸었던 그를 보면, 극악한 간 상태에도 불구하고 56세까지 살 수 있었던 것은 산책 덕분이 아니였을까 싶다.

독서

베토벤은 18세기 독일에서 학교와 정규 교육 과정이 생기기 시작한 시대적 배경 속에서도 제대로 된 기본 교양 교육을 받지 못했다. 이는 술에 빠져 살았던 아버지 요한 베토벤이 아들의 기악 교육 외에는 관심을 두지 않았기 때문이다. 기본적인 셈하는 법도 배우지 못해 단순한 돈 계산조차 힘들어했으며, 예를 들어 15의 4배를 계산하기 위해서는 15를 네 번 더한 후에야 답을 낼 수 있었다. 하지만 베토벤은 독서에 심취하게 되면서 쉼 없이 다양한 책들로 영혼의 허기를 채울 수 있었다. 그는 괴테, 실러, 글라임, 아만두스 뮐너 등의 시를 즐겨 읽었고, 셰익스피어와 호머의 열렬한 독자였으며, 플루타르크와 철학자 칸트에게도 큰 영향을 받았다.

이러한 깊이 있는 독서는 그의 남다른 사유를 도왔다. 예술가의 위상이 한낱 고용인이나 하인에 머물던 시대에도 베토벤은 독립적인 사고를 할 수 있었고, 당당하게 자신의 존재를 키울 수 있었다. 그의 음악을 더욱 논리정연하게 표현할 수 있었던 바탕에는 바로 독서의 힘이 작용했다고 믿는다.

유머
"그를 좀 더 잘 아는 사람이라면 누구나 웃음이라는 예술에서 그가 최고 수준의 비르투오소임을 알고 있다. 하지만 그와 가장 가까운 사람조차도 그런 웃음이 왜. 그리고 언제 터지는지는 알 길이 없다."

작곡가이자 베토벤의 친구였던 이그나츠 리터 폰 자이프리트에 따르면 그는 유머를 놓지 않았다. 혼자만의 세계에 있으면서도 유머감각을 잃지 않으려고 했고 가끔은 그것이 지나치게 독선적이기도 했다는 에피소드도 있다. 비르투오소란 연주자 중에서도 최고의 경지에 이른 연주자를 가리킨다. 피아노 비르투오소였던 베토벤이 유머에 있어서도 그러했다니. 우리가 알고 있는 근엄한 초상화속 베토벤의 이면을 알려주는 대목이다. 장난기 많고 귀여운 아이였던 아이베토벤이 순수함과 장난기, 그리고 예술성을 차근히 키우지 못하고 (상처받은 아이를 그대로 품고) 빨리 어른이 되어야 했던 어린 시절의 환경이 못내 아쉽다.

베토벤의 삶과 음악에서 내가 재미있게 살펴본 부분들을 정리했다. 물론 베토벤이라는 거대하고 위대한 인물을 이러한 소소한 에피소드들로 정의하는 것은 다소 부적절해 보일 수 있다. 그러나 때로는 이러한 디테일한 부분들이 우리의 삶을 예상치 못한 곳으로 이끌어주는 법이다. 예를 들어, 내가 더 열심히 산책을 하고 독서를 하며 유머를 잃지 않겠다고 다짐하는 것처럼 말이다.

*epilogue*
# 예술이네

무엇인가가 어느 경지에 이른 모습을 보면 우리는 종종 '예술'이라는 찬탄사를 내뱉는다. 어떤 일이 예술에 이를 만큼 아름답고 완벽하다는 것을 표현하는 말이다. 그만큼 예술은 다다르기 어려운 경지를 말하는 것일지도 모른다. 하지만 우리는 모두 예술가가 되어야 한다. 내가 생각하는 아름다움을 위해 실패하고 다시 도전하며, 멈추지 않는 끈기를 가져야 한다. 때로는 새로운 아름다움을 위해 파격적인 변신을 시도하고, 익숙하지 않은 것들을 조합하는 도전도 해봐야 한다.

지난 음악 인생을 돌아보았다. 짧다면 짧고 길다면 긴 시간이지만, 평균 수명으로 예상해보았을 때 지나온 시간보다 더 많은 시간을 살아가야 할 것이다. 역사에 이름을 새기고 지금도 플레이되고 전시되는 위대한 예술가들의 힘들고 지친 순간들을 포착하고 그 이후 흔적처럼 남겨진 작품들을 보았습니다. 이런 위대한 이들이 지나온 인생의 희로애락을 들여다보면서, 우리 모두에게 힘들고 지친 시간이 되었다.

어쩌면 당연한 것이며, 그 이후에 남길 흔적을 어떻게 할 것인가를 생각해보는 시간이 되었다. 그리고 이왕이면 그 흔적이 보다 예술적이기를 바랐다. 누군가가 내가 남긴 예술에서 살아갈 힘을 얻기를 바란다.

지금까지 연주와 강의와 음원이라는 매체로 사람들을 만나왔음에도, 책이라는 새로운 매체로 만나기로 결심하는 것은 쉽지 않았다. 어쩌면 이런 무모한 용기를 실천에 옮기도록 만들어준 것은 죽기 직전까지도 새로운 것을 배우며 예술적 흔적 만들기를 놓지 않았던 피카소였다.

앞으로 더 많은 예술가들을 만나고 감사와 위로와 용기를 얻을 수 있기를 바란다. 나 역시 늘 예술가로 살며 희로애락의 흔적을 예술적으로 남기겠다는 마음을 놓지 않고 살겠다. 우리 모두의 삶이 바로 예술이다! 여러분과 나 스스로에게 간곡히 예술을 권하는 이유다.

당신과 나, 우리는 예술이다!